熊楠さん、世界を歩く。

熊楠さん、世界を歩く。

冒険と学問のマンダラへ

松居竜五
Ryugo Matsui

岩波書店

はじめに　宇宙の「楽しさ」を求めた人

まずは、この本の主人公の「南方熊楠」という名前から考えてみよう。「みなかた・くまぐす」、なんだか変てこな響きである。

このうち名字の「南方」は、出雲系の神、タケミナカタノカミ(建御名方神)と関係があるようだ。この神様の名は諏訪神社の祭神としてよく知られているが、南方家の先祖の地である和歌山県三葛村《みかずらむら》で信仰されていたという。そこから「南方」の名が取られたのではないかというのが最近の説である。

また「熊楠」については、和歌山市の隣にある海南市《かいなんし》の山の中腹にある藤白王子社《ふじしろおうじしゃ》(現、藤白神社)の神官に名付けられたものだ。「熊」はこの地域を指す「熊野」という名、「楠」は藤白王子社の境内にある楠の巨樹にちなんだものだ。大きく見れば、「熊」も「楠」も、自然と生命に対する古代からの信仰を引き継いだものと言えるだろう。動植物の組み合わせからなる「熊・楠」という名は、この人の人格と生涯のあり方をよく物語っている。以下、この本では親しみを込めて、「熊楠さん」と呼ぶことにしたいと思う。

熊楠さんは、一八六七年に生まれて一九四一年に没した。熊楠さんが三十七歳で移り住んで、七十四歳で亡くなった和歌山県田辺市《たなべし》の旧邸の隣地には、現在、南方熊楠顕彰館という研究施設が建てられ、資料や遺品が収蔵されている。その顕彰館の入口には、若き日の熊楠さんの大きな肖像写真とともに、次のようなことばが掲げてある（**図0-1**）。

> 宇宙万有ハ無尽ナリ、但シ人已ニ心アリ、心アル以上ハ心ノ能フダケノ楽シミヲ宇宙より取ル、宇宙ノ幾分ヲ化シテ己レノ心ノ楽シミトス、コレヲ智ト称スルコトカト思フ

図0-1　南方熊楠顕彰館入口の南方熊楠肖像（1892年ジャクソンヴィルにて）および1903年6月30日付け土宜法龍宛書簡の一部

このことばは、熊楠さんが一九〇三年の夏、紀伊半島南部の那智山《なちさん》にこもっていた三十六歳の時に、土宜法龍《どぎほうりゅう》というお坊さんに対して送った手紙の中に見られるものだ。熊楠さんの文体は古風で、ちょっと漢文口調だけれど、現代人でもがんばれば読めないわけではない。でもそれでは、やはりあいまいな理解になってしまうことは否定できないところがある。そこで、この本では熊楠さんのことばについては、筆者による解釈も加えた上で、すべて現代語に意訳するという方針でいきたい。こんな感じだ。

宇宙のすべては尽きることがない。ただ、人間には生まれながらにして「心」というものがある。「心」がある以上、「心」が得られるかぎりの楽しさを宇宙から受け取ることができる。宇宙のほんの少しの部分を自分のものとして、「心」の中の楽しさに変えていく。これが「智」と呼ばれているものの正体だと、ボクは思うんだ。

この文章からわかるのは、熊楠さんが何よりも「楽しさ」というものにこだわった人だということだ。そもそも熊楠さんは世間的には「博物学者」と呼ばれているけれど、何をしたかと聞かれると、ひとことでは言い表せない。生物学者であり、民俗学者でもある。さらに歴史や文学、人類学や生態学など、今の学問で言えばとても「学際的」にいろいろな分野にまたがった研究をしていた。だから、熊楠さんのことを理解するのは難しいと、これまではかなり長い間、信じられてきた。

しかし、熊楠さんという人は、宇宙のすべてを対象としながら、「楽しさ」のために学問をしていた人だと考えれば、とてもわかりやすいところがある。熊楠さんにとっては、学問的な制度や分野や枠組みは二の次だった。その時、その時の、自分の好奇心がおもむくままに、楽しみを宇宙から「心」に取り入れていただけだ。そういう意味からは、世間の評価とはうらはらに、実は「楽しさ」のみを追い求めた、とても理解しやすい人だったと考えた方がよいのではないだろうか。

筆者の考えでは、熊楠さんという人は、「子どもの眼」とでも言うべき純粋な好奇心を、一生にわたって持ち続けた人だ。熊楠さんの言っていることは、虚心坦懐《きょしんたんかい》に見れば、いつも当たり前の疑問からストレートにものごとをとらえた結果、生じたものであるように思える。そのため、こちらの方も学校で習ったり、インターネットで調べたりした生かじりの常識的な知識を捨てて向き合うと、熊楠さんのやっていることとの整合性に納得がいく。

では、そうした熊楠さんの「楽しさ」を共有するにはどうしたらよいのか。「南方熊楠研究」という観点からは、どうしても外面的に熊楠さんが何をしたのかということに注目しがちだ。でも、それでは熊楠さんが生きている間に体感していたような、この世界を知ることの「楽しさ」を理解するには不十分だ。熊楠さんの主観を共有するためには、熊楠さんが見たものを、熊楠さんが見たように感じることが欠かせない。

ただしそのためには、根拠なく語られてきた「熊楠伝説」もまた、極力排されなければならないだろう。伝説が生まれてくるにはそれなりの理由があって、それはそれで熊楠さんに超人的な活躍を期待するという外部からの願望を具現化しているという意味がある。そして熊楠さんという人が、その時代とともに作り上げた自己像が持つ魅力の一部を伝えてくれる面も、ないわけではない。とは言え、不確かな情報に基づいた恣意的なイメージは、結局は長い目で見れば消えて行く運命にある。

さいわい、この数十年の研究の結果、ふんだんに残された一次資料から、時代の検証に耐えうるような熊楠さんの実像が明らかにされつつある。熊楠さんは自分の生涯を、後の世の人たちが細かく再現できるだけの資料や遺品を残してくれた。今ではそのほとんどは、田辺市の南方熊楠顕彰館や隣町の白浜町《しらはまちょう》の南方熊楠記念館などに保存され、一般に公開されている。

この本では、顕彰館を中心とした一次資料を十全に活用した上で、熊楠さんの内側からの視点を読者が体感することを目的としている。熊楠さんの見た世界を、まるで自分の中で繰り広げられるように感じてもらいたいというのが、筆者としてのちょっと高望みかもしれない願いだ。そのために「図鑑」「森」「生きもの」という三つのキーワードを設定してみた。熊楠さんが関心を持ち、世界の不思議を追い求めていった出発点が、そこにあるからだ。

まずは「図鑑」だ。熊楠さんは六~八歳の幼少の頃から図鑑が大好きで、読むだけではなく一つひとつ丁寧に筆写していた。これらの図鑑は中国で発展し、江戸時代の日本に受け継がれた「本草学」あるいは「博物学」と呼ばれる学問にもとづいたものだ。こうした図鑑の筆写によって、熊楠さんの教養の基盤になる部分はかたちづくられていった。その後、和歌山中学校から東京に出て、大学予備門へと進んだ熊楠さんは、西洋の科学を吸収しながら、新しい学問のあり方を模索することになる。

次に「森」だ。十九歳でアメリカに渡った熊楠さんは、サンフランシスコからミシガン州へと移り住む。そこで学校の勉強に頼らない独学によって、西洋の思想を学ぶとともに、自然の世界の探究を進めた。そしてフロリダ州、さらにはキューバ、ニューヨークへと移動しながら、さまざまな経験をしていく。その後、ロンドンでの学究生活を経て、帰国してからは紀伊半島南部での植物採集を続けることになる。そうした放浪の生活の中で、熊楠さんは自分の身体感覚を頼りとしながら、フィールドワークの場としてさまざまな「森」に分け入っていった。

最後に「生きもの」だ。生涯を通じて熊楠さんに最も大きな喜びを与えてくれたのは生物の世界だったと言ってよい。子どもの頃の「図鑑」の世界を自分の目で確かめていくために、熊楠さんは博物館や動物園をめいっぱいに利用している。そして、キノコや粘菌や地衣類《ちいるい》など、一見すると目立たない存在だが、実は森の中で驚くほど多様な生命をいとなんでいるものに注目した。でもそれだけではなく、草花や昆虫や動物など、つまりありとあらゆる生きものを研究の対象とした。そのことは、熊楠さんに生きもの同士の関係、つまり生態系という考え方に基づいた自然保護のあり方を考えさせることになる。

この本は全部で十五の章から構成されている。それぞれの章はトピックに沿って完結しているので、どこから読んでいただいてもかまわないようになっている。もちろん、熊楠さんの体験を大まかに時間順に追ってもいるので、通して読んでいただけるとさらに嬉しい。また、第1部が「図鑑」、第2部が「森」、第3部が「生きもの」という主題にある程度関連付けられているのだけれど、こちらの方はそれほど厳密ではなくて、話が行ったり来たりすることをお許しいただきたい。そのことも含めて、全体と細部が有機的につながるような書き方をめざしている。

どの章も、これまで語られてきた定番的な話題からは少し逸れた角度から、熊楠さんという人をとらえようとしてみた。そういう意味では、この数十年の調査で明らかになった事実に基づきながら、従来にはない新鮮な熊楠さんの像を示したつもりだ。なにはともあれ、熊楠さんという人が生涯をかけて追い求めた驚きに満ちた世界を、一緒に体感していただければと思う。

なお、引用に関して『南方熊楠全集』全十二冊(平凡社、一九七一〜七五年)からのものは『全集』と略して示した。日記は『南方熊楠日記』全四冊(八坂書房、一九八七〜八九年)および原資料(南方熊楠顕彰館・南方熊楠記念館蔵)を用いて、日付のみを示した。その他の資料については略称で示しているので、巻末の参考文献欄を参照していただきたい。

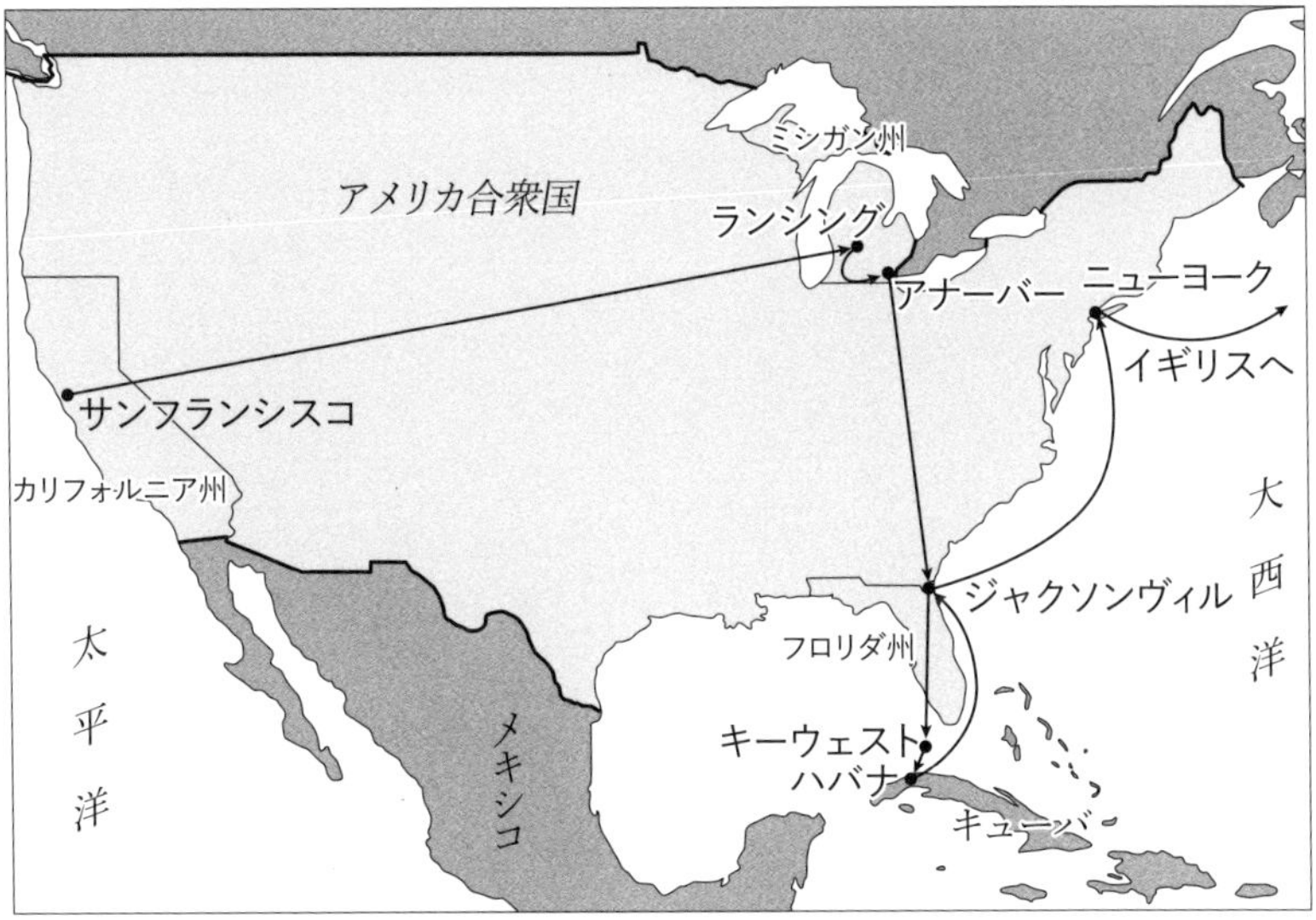

図 0-2　熊楠さんのアメリカ滞在地

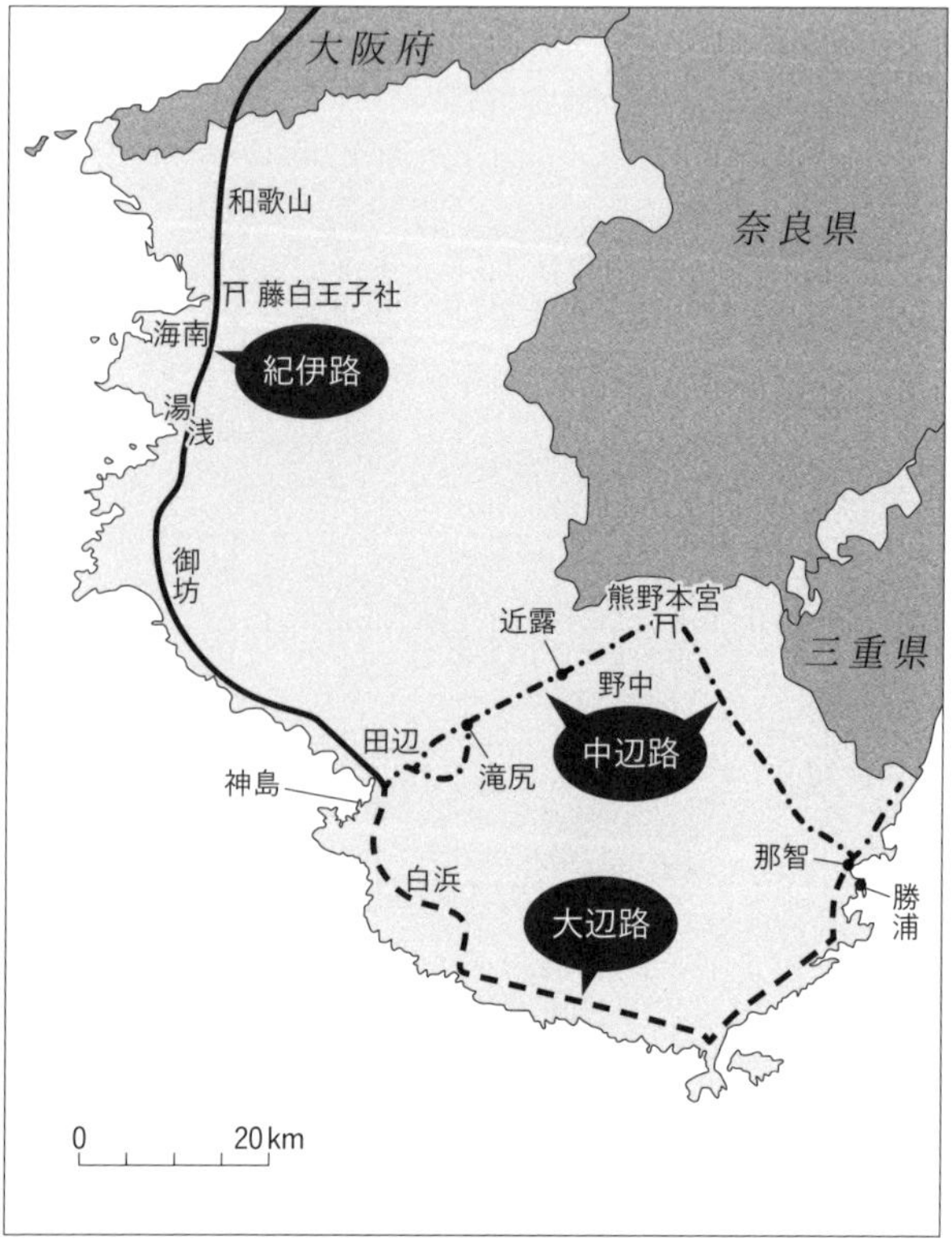
大阪府
奈良県
三重県
和歌山
藤白王子社
海南
紀伊路
湯浅
御坊
熊野本宮
近露
野中
田辺
滝尻
中辺路
神島
白浜
大辺路
那智
勝浦
0
20km

図 0-3　和歌山県地図

南方熊楠略年譜

西暦（年）（和暦）	年齢（歳）*	主なできごと	関連章**
一八六七（慶応3）	0	和歌山に生まれる。	1
一八七三（明治6）	6	『訓蒙図彙』を父に買ってもらう。	1
一八七四〜七五	7〜8	『和漢三才図会』『本草綱目』などを筆写し始める。	2・3
一八八〇	13	教科書『動物学』を自作する。翌年にかけて一〜四稿を作成する。	4
一八八三	16	和歌山中学校卒業。上京して神田共立学校に通う。翌年東京大学予備門に入学する。	5
一八八六	19	東京大学予備門を中退。和歌山に帰って静養した後、横浜から渡米する。	5・6
一八八七	20	サンフランシスコに到着する。その後ランシングに移り、農学校に入学する。	7
一八八八〜九一	21〜24	農学校を中退してランシングを去る。その後アナーバーで独学の生活を送る。	8・9
一八九一〜九二	24〜25	フロリダからキューバを旅行する。ニューヨークを経てロンドンに渡る。	10
一八九三	26	「東洋の星座」を『ネイチャー』に発表する。土宜法龍に出会い、文通を始める。しばしばロンドン動物園を訪れるようになる。	3・11
一八九五〜九八	28〜31	毎日のように大英博物館の図書館に通い、「ロンドン抜書」を作成する。	7
一八九八	31	友人のモリスンを訪れエッピングの森を散策する。大英博物館から追放され、その後は自然史博物館やサウス・ケンジントン博物館で書籍を筆写する。	12

一九〇〇	33	ロンドンから帰国。和歌山の弟宅などに滞在する。	13
一九〇一〜〇四	34〜37	那智・勝浦で隠花植物などの生物採集をおこなう。「南方マンダラ」を構想する。	13
一九〇四	37	年末に那智山を下りて田辺に行く。以後没年まで同地に定住する。	15
一九〇六	39	田辺・闘鶏神社宮司の娘、田村松枝と結婚。翌年、熊弥が生まれる。	15
一九〇九	42	神社合祀反対運動を開始する。翌年、抗議のために集会に乱入して拘留される。	12・14
一九一一	44	柳田国男と文通を始める。「エコロジー」について何度か言及。文枝が生まれる。	14
一九一四(大正3)〜二三	47〜56	主著「十二支考」を博文館の雑誌『太陽』に連載する。	3・6
一九二五	58	熊弥が精神病を発病する。裕仁親王(昭和天皇)への進献をおこなう。	15
一九二九(昭和4)	62	昭和天皇の南紀行幸に際し、神島および田辺湾の艦上で進講をおこなう。	15
一九三〇	63	神島が和歌山県天然記念物に指定される。	15
一九四一	74	田辺にて死去。	15

* 満年齢で計算。ただし五月十八日の誕生日以前はこれよりも一歳若くなる。
**本書の章の中で、主に対応するものを示している。

目次

装画　いずもり・よう

第1部

熊楠さん、図鑑の世界に目覚める

1 「神童クマグス」、江戸の図鑑に夢中になる

熊楠さんは慶応三年四月十五日に、紀州藩の和歌山城下の金物商の家に生まれた。西暦で言えば一八六七年五月十八日、明治維新の前年のことだ。一八五三年のアメリカのペリー艦隊の来航に始まった幕末の混乱がいよいよ大詰めを迎える時期で、十月には幕府の終焉を告げる大政奉還、そして年末の王政復古の大号令と続いた。江戸時代には全国で八番目の大都市だった和歌山の城下も、さぞかし騒然としていたことだろう。

父の弥兵衛は和歌山の日高郡の出身で、丁稚奉公から始めて南方家の養子となった。後妻として入った妻すみとの間には、長男藤吉、長女くま、次男熊楠、三男常楠、四男楠次郎、次女藤枝が生まれた。他に夭逝した子どももいたが、戸籍上はこのような構成になっている。みんな、藤白王子社の神官から名前の一部をつけてもらっていて、「熊」「藤」「楠」「枝」がそれにあたる。

南方家は今の南海電鉄和歌山市駅近くの橋丁《はしちょう》という場所に住んでいた。ここは城下でも商売がさかんで、とてもにぎやかなところだった。そんな街中で育った熊楠さんは、子どもの頃から図鑑を読むことを好んだ。最初に手に取った本は『三花類葉集《さんかるいようしゅう》』(一六九二年初版)というツツジの種類を説明した、小さな和綴じの植物図鑑のようなものだったのではないかと考えられている(**図1-1**)。熊楠さんはこ

の本を七十四歳で死ぬまで持っていて、自分の蔵の書庫の中に他の厖大な書籍と一緒に置いていた。なぜこれが生涯で最初に出会った本だとわかるかと言えば、最初のページの余白に、自分が四、五歳だった時に、隣の家の島作という名の荒物屋さんからもらったと記してあるからだ。この部分は晩年に書き付けたもので、熊楠さんという人が、いかに物持ちがよかったかを示す好例でもある。七十年も前の小学校入学以前にもらった本を、死ぬまで大事に持ち続けているような人は、そう多くはないだろう。

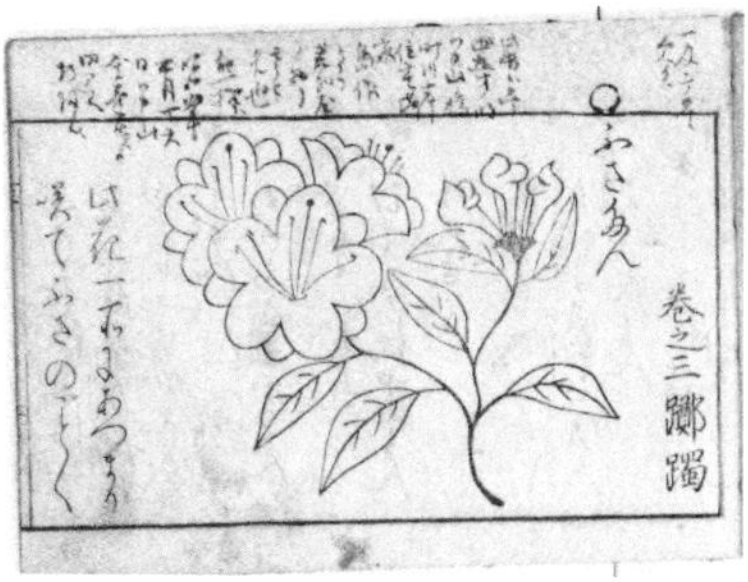

図 1-1　熊楠が 4〜5 歳の頃にもらった『三花類葉集』(南方熊楠顕彰館蔵). 上部欄外に晩年の熊楠による書き込みがある

しかし、少年時代の熊楠さんが最初に大きな影響を受けた図鑑としては、数え年で七歳の時に入手した『訓蒙図彙《きんもうずい》』を挙げておきたい。「訓蒙図彙」とは子どもや学問の初心者のための手ほどきをするための図鑑、というような意味で、江戸時代を通じて三回の異なる版が出されている。この本との出会いについては、熊楠さん本人による次のような思い出話がある。

> 予は神童の聞えあり、かつその頃多忙切迫の家計なりしうちにも、店先に売りしブリキ板と釜鍋などに符丁入るる鉄朱《べんがら》にて、紙屑買いが商売の鍋釜等包む料にとて荷ない来たりし中村惕斎《なかむらてきさい》先生の『訓蒙図彙』(漢字と仮名つきで、獅子、驢、牛から、一切の手近き物体を画《えが》きたるものなり、十冊あり)について、字も文も画も学びし。
>
> (『全集』七巻、三九六頁)

「はじめに」でも述べたことだけれども、熊楠さんが書いた原文はこんなふうに、今の読者から見るとやや読みにくい文語体で書かれている。そこで、この本では熊楠さんのことばの引用に関してはすべて、手軽に意味を読み取ることを重視した現代語訳で通したい。つまり先ほどの文章だと次のような感じだ。

ボクは神童だと言われていた。そのころのうちの家はとても忙しく、やりくりもたいへんだったけれど、店先で売っていたブリキ板とナベやカマに符丁を書くベンガラ顔料を使って勉強した。そしてナベやカマを包むために紙くず屋さんがかついで来た中村惕斎先生の『訓蒙図彙』(これは漢字とカナで、獅子《しし》、ロバ、ウシのほか、身近なもののすべてを描き出した十冊の本だった)で、ボクは字も文も画も学んだ。

こんなふうに、エッセイ調のくだけた内容のものについては軽く、論文調の堅いものに関してはやや重厚に、あらたまった手紙の場合はていねいに、筆者の印象に沿って意訳していきたいと思う。熊楠さん以外のものでも、近世以前の文章は基本的にこれに準じることとする。

もしかしたら、この文体だと一般的な熊楠さんのイメージとは少し異なっていると感じられるかもしれない。ただ筆者としては、「はじめに」で述べたような、この人が生涯持っていた「子どもの眼」を活かすことを優先したい。そこで、そういう誰の中にもある「内なる熊楠さん」を意識した訳し方をしていきたいと考えている。

さて、ここから読み取れるのは、当時の南方家がナベやカマを売る商売をしていたこと。そして、勉強好きの熊楠さんがその店先で文字や絵を書いて楽しんでいたことだ。そんなところへ、紙くず屋さんがやって来るのだが、『訓蒙図彙』は店の商品の包み紙として用いるためのもので、あやうくバラバラにされてしまうところを熊楠さんが見いだして読み始めた、ということになる。別のところでは、お父さんが三十銭で買ってくれた、と熊楠さんは書いている。三十銭というと今のお金ではだいたい五千円くらいになるから、この頃はお父さんの商売もうまく行きかけていたのだろう。

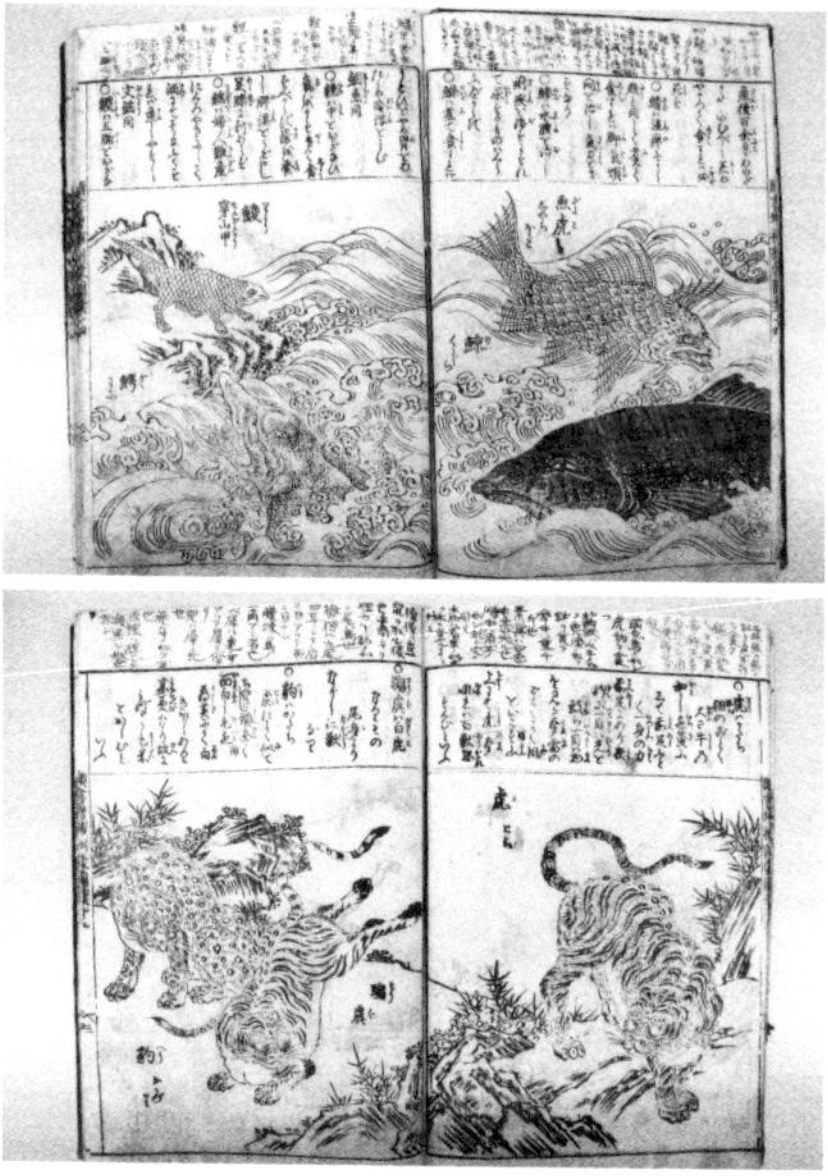

図 1-2　熊楠旧蔵『頭書増補訓蒙図彙大成』「龍魚部」魚虎などの頁(上)と「畜獣部」虎類の頁(下)(南方熊楠顕彰館蔵)

このときに熊楠さんが使った『訓蒙図彙』は、旧蔵書として現在も南方熊楠顕彰館に残されている(**図1-2**)。それを見ると、実はこの本は中村惕斎が書いた「寛文版」と呼ばれる一六六六年刊行のものではなく、それから百年以上後の一七八九年に刊行された、「寛政版」と呼ばれる『頭書《かしらがき》増補訓蒙図彙大成』だったことがわかる。

寛政年間(一七八九〜一八〇〇)は、文章では本居宣長《もとおりのりなが》や上田秋成《うえだあきなり》や山東京伝《さんとうきょうでん》など、絵画では伊藤若冲《いとうじゃくちゅう》や円山応挙《まるやまおうきょ》や司馬江漢《しばこうかん》などが活躍しており、その文化レベルの高さは十分に世界的と言ってよいほどだ。熊楠さんという人の学問への道のりは、そうした江戸時代の成熟した時代の教養書から、「字も文も画も」吸収することで始まったということになるだろう。

では、熊楠さん旧蔵の寛政版の『訓蒙図彙』がどんなものか、詳しく見てみることにしよう。**図1-2**の上図は「龍魚部」、下図は「畜獣部」から取ったものだ。まず目に付くのは、下部の四分の三くらいを占める大きなさし絵ではないだろうか。背景もていねいに描かれていて、動物たちが生き生きと、またややユーモラスに躍動している。寛政版の『訓蒙図彙』にはすべてのページにこんなふうに、見開きでさまざまな事物が大きく描かれており、子ども向けの図鑑としてのあふれるような楽しさがある。

そして「頭書」という題名の通り、図の上、つまり「頭」の方には解説があり、さらに上部の欄外には手書きの文字が書き込まれている。これは、幼い頃の熊楠さんが、漢字の勉強を兼ねて筆で記した跡らしい。

それにしても「龍魚部」のこの部分に選ばれた生き物たちの取り合わせは、とても不思議だ。「魚《ぎょ》虎《こ》(しゃちほこ)」「鯨《げい》(くじら)」「鯪《りょう》(せんざんこう)」「鰐《がく》(わに)」。このうちの「魚虎」は空想上の生物、「鯨」は海の哺乳類、「鰐」は古く日本ではサメのことを指したが、ここでは爬虫類のワニということになる。「鯪」などはセンザンコウというアルマジロに似た鱗甲目《りんこうもく》の哺乳類のことで、水生でさえないが、「うろこ類」としてのつながりで入っているのだろう。頭書の説明には「鯪」は魚類であるコイと同類とされ、その鱗が鉄のようであることが記されている。つまり、ここに入っている生きものは、すべて今の基準で言えば「魚類」には属していないということになる。

そもそも『訓蒙図彙』の「龍魚部」は三種類の龍、つまり伝説上の存在から始まっているわけで、空想と現実が入り交じるのは当然のことかもしれない。そうかと思えば実用に役立つ知識も多く含まれていて、次の見開きからは、サバ、アジ、セイゴ(スズキの幼魚)、タイ、グチ、サケ、トビウオ、イシモチ、マナガツオ、サワラ、タラ、スズキ、エブナ、カツオといった食用魚が、詳しい生態とともに描かれていたりする。ここでは理念的な自然観と、実用的な分類が同居していることになる。

このように、中国から伝わり江戸時代に発展したこうした自然に対する記述の方法は、東アジア独自のもので、明治以降に本格的に日本に導入された西洋近代の「生物学」とは、考え方が大きく異なっている。全体として、自然を対象として分離して客観的に観察するというよりは、人間とのかかわりも重視しながら包括的に記述するという手法が採られていることが特徴だ。たとえば「龍魚部」は龍から始まり小さな虫に終わり、「畜獣部」は麒麟《きりん》から始まりネズミに終わる。そんなふうに、人間から見た聖俗の秩序意識が自然界の記述にも反映されている。

こうした江戸時代、つまり東アジアの科学知識は、今の目から見ると荒唐無稽かもしれないが、それなりの論理に基づいたものだ。熊楠さんの子どもの頃には、まだそうした東アジアの知識の枠組みが残っていた。それは、熊楠さんが青年期以降に東京やアメリカ・英国で学ぶことになる学問とは異なる知的体系ということになる。

そこで、熊楠さんの世代の人たちは、東洋と西洋の異なる二通りのものの考え方を、身をもって経験することになった。頭の中で二つの思考法が常に共存しているようなものだ。これは青年期までは漢詩や俳句に親しんでいたものの、大学では英文学を専攻せざるを得ず、東洋と西洋の考え方のちがいに悩み続けた夏目漱石の場合などを考えればよく理解できる。ちなみに漱石は熊楠さんと同い年で、東京大学予備門では同期生だった。

そういうわけで、この世代の日本の若い知識人たちは、常に自力で学問の根本から考え抜かなければならない立場に置かれていた。ただそれは「正しい」とされる科学知識を無批判に習っておしまい、という今の時代の人たちよりは、よっぽど自律的な思考力を養うことにつながったとも言える。手軽に得られるインターネット検索に夢中な私たちは、得られる情報量は百年以上前の人たちよりも格段に多いかもしれないが、物を考え抜く力という点では誉められたものではない。

さて、寛政版『訓蒙図彙』を熊楠さんはどのように読んでいたのか。「畜獣部」のトラとその類のページ（図1-2下）を見てみよう。この項目の図版としては、「虎《トラ》」「豹《ヒョウ》」「騶虞《すうぐ》」の三獣が選ばれている。いずれもこちらをにらみつけるような、大型のけものとしての威厳を持った瞳が印象的だ。

そのうちの「トラ」と「ヒョウ」は当然ながら実在の動物だけれど、「騶虞《すうぐ》」は仁徳をもった君主が現れたときにだけ姿を見せるとされる伝説上の存在だ。明《みん》の永楽帝《えいらくてい》の時代に、河南省の都、開封《かいほう》で捕らえられた騶虞が皇帝に贈られたという記録があり、これはジャイアント・パンダのことだったのではないかという推測もされている。

トラを紹介した部分の頭書には、「トラは、かたちはネコのようで、大きさはウシのようだ。色は黄色で前足は太く、一身の力は前足にある」と始まっていて、まずはわかりやすく説明されている。しかし、これに続く部分では「夜に見る時には、一つの目で光を放って、一つの目で物を見る」という不思議な描写がある。さらに「吼《ほ》えるときの声はカミナリのようで、それによって風が起きて、百獣が震えおののく」とも書かれている。こうしたトラの目や声に関する伝承は、明の李時珍《りじちん》による『本草綱目《ほんぞうこうもく》』や、さらにそれ以前の本草学書に由来していて、中国から日本へと長い期間にわたって伝えられてきたものだ。

一見、奇妙きてれつに見えるこうした伝承は、どこから生まれてきたものなのか。実は、熊楠さんは幼少時に抱いた問題について、生涯をかけて粘り強く考え続けていくことになる。四十七歳から五十六歳までの間に書かれた「十二支考」は、動物に関して熊楠さんが考えてきた問題を集大成した大作だ。その「十二支考」雑誌連載第一回の「虎」の回では、次のように自説を交えて、虎に関する伝承に考証が加えられている。

夜に見るときには、一つの目で光を放って、一つの目で物を見る。吼えるときの声はカミナリのようで、それによって風が起きて、百獣が震えおののくと言うんだ。でもこれは全くウソの話でもないように思えるところもある。というのは、ボクが暗い部屋に猫を閉じこめて何回も試してみたところでは、こちらの見かたとあちらの向きによって、一つの目が強く光を放って、もう一つの目はどこかに消えてしまったように暗いことがよくあった。

（『全集』一巻、七頁）

こんなふうに、トラが片方の目で光を放ち、もう片方の目で物を見るという伝承について、熊楠さんはネコを使って実験をおこなっていた。つまり六、七歳の頃に『訓蒙図彙』で読んだことを、そのまま後年になって、学問上のアイデアとして用いている。長い歴史を通じて中国に伝えられてきたフォークロアを、身近な例を使って証明しようとする方法は、生きた学問を目指していた熊楠さんのやり方の真骨頂だ。

これに続けて熊楠さんは、トラが吼える声に関しても解釈を示しているが、こちらの方もなかなか冴えている。

またトラが吼えると風が生じるとか、風はトラに従うとかいうのもそうさ。中国の暦で立秋の時にトラが鳴くと言われているように、秋風が吹く頃から鳴き始めるために、トラが鳴くのと風が吹くのと同時に起こることがとても多いんだろうね。（同前）

つまりトラが鳴くことによって風が起こるとされてきた俗信は、逆に秋風が吹く頃にトラが鳴き始めることから生じたのだと解き明かしている。このように、一見荒唐無稽に見える俗信の背景にはさまざまな思考の道筋を見ることができると、熊楠さんは英文論考や「十二支考」などの著作において、繰り返し語っている。

少年時代の熊楠さんが愛用した寛政版『訓蒙図彙』に話を戻そう。先ほど述べたように、熊楠さんの蔵書には、他に幼少期に自分で書き入れたと思われるメモが、上部欄外に見られる。たとえば、トラの項目の右上部分には、次のような文章が判読できる。

「天鉄熊《てんてつゆう》」は、クマに似て、トラとヒョウを食ってしまう。「彊《きょう》」は、トラとヒョウと人を食べる。黄帝の時代にたくさんの人を食ったので、黄帝はこれを殺した。「茲白《じはく》」は、馬のようで、トラとヒョウを食う（**図1-3**）。

ここでは「天鉄熊」、「彊」、「茲白」といった想像上の動物が、トラやヒョウや人を食べてしまうことが記されている。人間だけでなく、トラやヒョウのような生態系の頂点に君臨する肉食獣まで屠《ほふ》ってしまうとは、まさに古代中国に出現していた怪獣と呼ぶべき存在だろう。それを退治する黄帝は、まるでウルトラマンのようなヒーロー的存在に思われる。

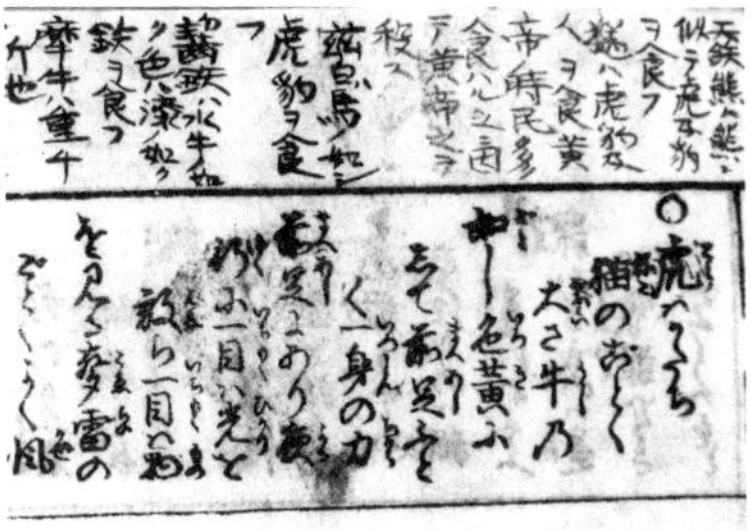

図1-3　熊楠旧蔵『頭書増補訓蒙図彙大成』「畜獣部」虎の頁の上部欄外と頭書（南方熊楠顕彰館蔵）

他にもこの前後の頁の欄外には、人面でトラの身体を持つ「貙《ちゅ》」や、毛を逆立てる「怒《ど》」や、背中に金の線が入って尾が赤い「金線豹《きんせんひょう》」や、鉄を食う「齧鉄《けってつ》」のような空想の動物のことが並んでいる。これらの奇怪なけものたちに向けられた熊楠少年の視線は、怪獣や妖怪のような超自然的な存在を主人公とした大衆文化に魅了される現代の子どもたちのものと、基本的には同じであると考えてよいだろう。つまり六〜七歳頃の熊楠さんは、今で言えば「怪獣少年」といったところだ。

こうした現代の子どもと共通するような子どもの頃の熊楠さんの関心は、この頃読んでいた他の本に関しても見ることができる。

十一歳のとき、『六臣註文選《もんぜん》』を読書の先生が他の弟子に読書を教えている間にちょいちょいと盗み見した。そして「江賦《こうふ》」や「海賦《かいふ》」のいろいろな動物の形と記述を暗記して帰った。また古道具屋の店頭に積んである『列仙伝《れっせんでん》』の図と伝記を、道具屋の主人が夏の日に昼寝している間にのぞきに行った。それから逃げ帰って筆写したものが、今でも和歌山の自宅に置いてある。

（『全集』八巻、三一～三二頁）

この文章の前半の『六臣註文選』「江賦」と「海賦」は、ともに西晋時代（西暦三～四世紀）に成立したもので、中国の海や川に棲《す》むさまざまな実在と架空の生きものが登場する。このうち「江賦」の作者郭璞《かくはく》は荒唐無稽な怪物が多く登場する『山海経《せんがいきょう》』（紀元前四～三世紀）の注釈でも知られ、古代の博学者であり、民俗学者でもあるような人物だ。後世にはこの人自身も妖術師と伝えられることになり、中国の古典文学にたびたび登場している。

後半の『列仙伝』は、十六世紀の王世貞《おうせいてい》が著した『有象列仙全伝《うぞうれっせんぜんでん》』のことで、さまざまな神仙（神さまや仙人）が列挙されている。実は、この熊楠さんが十一歳のときに写したという「図と伝記」は、最近、南方熊楠記念館に保管されていることが同館学芸員の三村宜敬氏によって確認された。それを見ると、図の方は、道教の始祖とされる老子の他、雨を降らせる神や、龍を治療した名医などのすがたが描かれている。また、雲や龍や麒麟に乗る人物もいる（**図1-4**）。

これらは、さしずめ現代なら魔法使いと呼べるような人たちだ。異国の空想の世界が描かれているという意味では、今の流行に置き換えると、「ハリー・ポッター」や「ファンタスティック・ビースト」のシリーズのようなものだろうか。いずれにしても、熊楠さんが幼少期に夢中になった図鑑の世界は、現代の子どもたちが大好きな空想の世界と、そう大きな差はないと言える。

幼少の頃のおびただしい量の細字による写本を見ていると、熊楠さんがたしかに「神童」と呼べるような、驚くべき読解力と記憶力を持っていたことがわかる。でも、その図鑑を読む際の好奇心のあり方は、今も昔も変わらずに子どもたちが抱くものと、基本的には同じなのではないだろうか。むしろ、熊楠さんという人は、そうした好奇心のあり方を、生涯をかけてどこまでも無限に伸ばしていった人だったというのが正しいだろう。ということで、この本では、そうした熊楠さんの好奇心の行く先を、一つひとつ追いかけていくことにしたいと思う。

図 1-4 熊楠が『有象列仙全伝』から模写した麒麟に乗る「上元夫人」の図(南方熊楠記念館蔵)

2
『和漢三才図会』を生涯の友とする

江戸時代に成立した図鑑の中で、『訓蒙図彙』が初級者向けとするなら、中上級者向けと言ってよいのが『和漢三才図会《わかんさんさいずえ》』だ。「和漢」は日本と中国、「三才」は天・地・人の万物、「図会」は図鑑だから、現代風に言えば「東アジア百科図鑑」ということになる。これは大阪の寺島良安《てらじまりょうあん》という医者が中国や日本の博物学書を駆使して一七一二年に成立したものだが、その五十年ほど前に出た寛文版の『訓蒙図彙』を参考にしていたと考えられている。

だから、熊楠さんが最初に『訓蒙図彙』の増補版を読んで目を開かれ、その後に『和漢三才図会』を端から端まで堪能していったことは、江戸の博物学の吸収という意味では、とても理にかなっている。『訓蒙図彙』を読んだのが数え年で七歳の時だから、たぶん一八七三(明治六)年のことだろう。そして熊楠さんは、その直後に『和漢三才図会』のことも初めて知って、それから何年もかけて筆写していった。

『和漢三才図会』を『訓蒙図彙』と比べると、何と言ってもちがうのはその項目の量だ。熊楠さんが読んだ『頭書増補訓蒙図彙大成』は、大判の図版が特徴だけれど、その分項目の数は多いとは言えない。これに対して『和漢三才図会』では、図版は小さくて説明的なものに抑えられている。巻数で言えば『頭書増補訓蒙図彙大成』が二十一巻、『和漢三才図会』が百五巻だけれど、項目数から見るとざっと十倍くらいの分量と考えてよいだろう。内容も、中国と日本のさまざまな書籍からの引用と、寺島良安自身の考察からなっていて、「百科図鑑」と呼ぶにふさわしいものだ。

さて、熊楠さんはどのようにして『和漢三才図会』と出会ったのだろうか。そのあたりの経緯については、「履歴書」という五十八歳の時の自伝に書かれた次のような説明がよく知られている。

ボクは次男で、子どもの頃から学問が好きだった。八歳か九歳の頃から、さまざまな本をもとめて何キロも歩き回って借りて、ぜんぶ記憶してしまった。それをノートに写して、くりかえして読んだ。『和漢三才図会』百五巻分を三年かけて写したりもした。（『全集』七巻、七～八頁）

現在、和歌山県白浜町の南方熊楠記念館や、隣の田辺市の南方熊楠顕彰館には、少年時代の熊楠さんが、細かい字でびっしりと書いた写本が残されていて、その神童ぶりを今に伝えている。ただし、現代語訳された最近の版（平凡社東洋文庫）では十八冊にもなるこの本を、すべて街角で読んで覚えて家に帰って記憶のままに書き出した、というのはさすがに無理があるだろう。「履歴書」の記述は、ウソとまでは言えないまでも、かなり誇張されていて誤解を生んでしまう。

実は、この時の状況について、熊楠さんが二十代の頃に蔵書の中に書き記した文章の方では、もう少し正確に書かれているようだ。

〔友人の〕山本義太郎君の叔父さんで、山田さんという人が『和漢三才図会』を持っていると聞いて、この世界にこんな本があることを初めて知ることになった。その時義太郎君が、ボクのために四十五巻の「龍蛇類」、五十四巻の「湿生類」の二つのうちから、何十かの項目を半紙に書いてくれた。そして渡してくれたのが、とっても嬉しかったんだ。「野槌蛇」「黄頷蛇」「蜮」「蟾」なんていう名前をこの時に初めて知って、そのだいたいの形をたずねて、自分で心の中に描いていた。

（『熊楠研究』八号、一四三頁）

ここで山本義太郎君が教えてくれた項目のうち、「野槌蛇」はツチノコ、「黄頷蛇」はアオダイショウ、「蜮」はイサゴムシ（トビケラ類の幼虫）のことらしい。「蟾」はミガラと読むが、「井の水中の小虫」と描写されているこの生き物が何なのかはよくわからない（**図2-1**）。ともかく幼い頃の熊楠さんが、ツチノコのような、現在では実在しないとされるものも含めて、さまざまな生物に好奇心を抱いたことがよくわかる。

『和漢三才図会』の各項目の説明は『訓蒙図彙』に比べるとかなり学術的だけれど、その分類方法はやはり近代科学のものとは大幅に異なっている。「龍蛇類」に各種の龍が入っているのは序の口で、「獣類」にも「麒麟」や「獬豸《かいち》」、「寓類（サルの仲間）」には「野女《やまうば》」や「水虎」、「川太郎」といった伝説上の生きものが多く収録されている。空想と現実が入り交じっているという点では、『訓蒙図彙』と大差ない。でもそのことが、幼い頃の熊楠さんを夢中にさせたことも、またよく理解できるところだろう。

熊楠さんは、この時は山本君にいくつかの項目を半紙に書いてもらっただけで、本自体は見ていなかったようだ。その後しばらくして、相生丁《あいおいちょう》というところの佐武さんという産婦人科で、『和漢三才図会』の実物を初めて実際に目にすることになった。そして、すぐにその内容に夢中になった。

その時地元で「かめかめ」と呼ばれている太神楽のお祭りがあって、子どもは友だち同士近くで見ようと来ていて、みんな外に出て楽しく見物していた。ボクだけは二階の部屋にとどまって、一生懸命に夕陽が傾くまで三巻の「天象類」、十三巻の「異国人物部」、十四巻の「外夷人物部」の題名を、全部書き写していたんだ。

（同前）

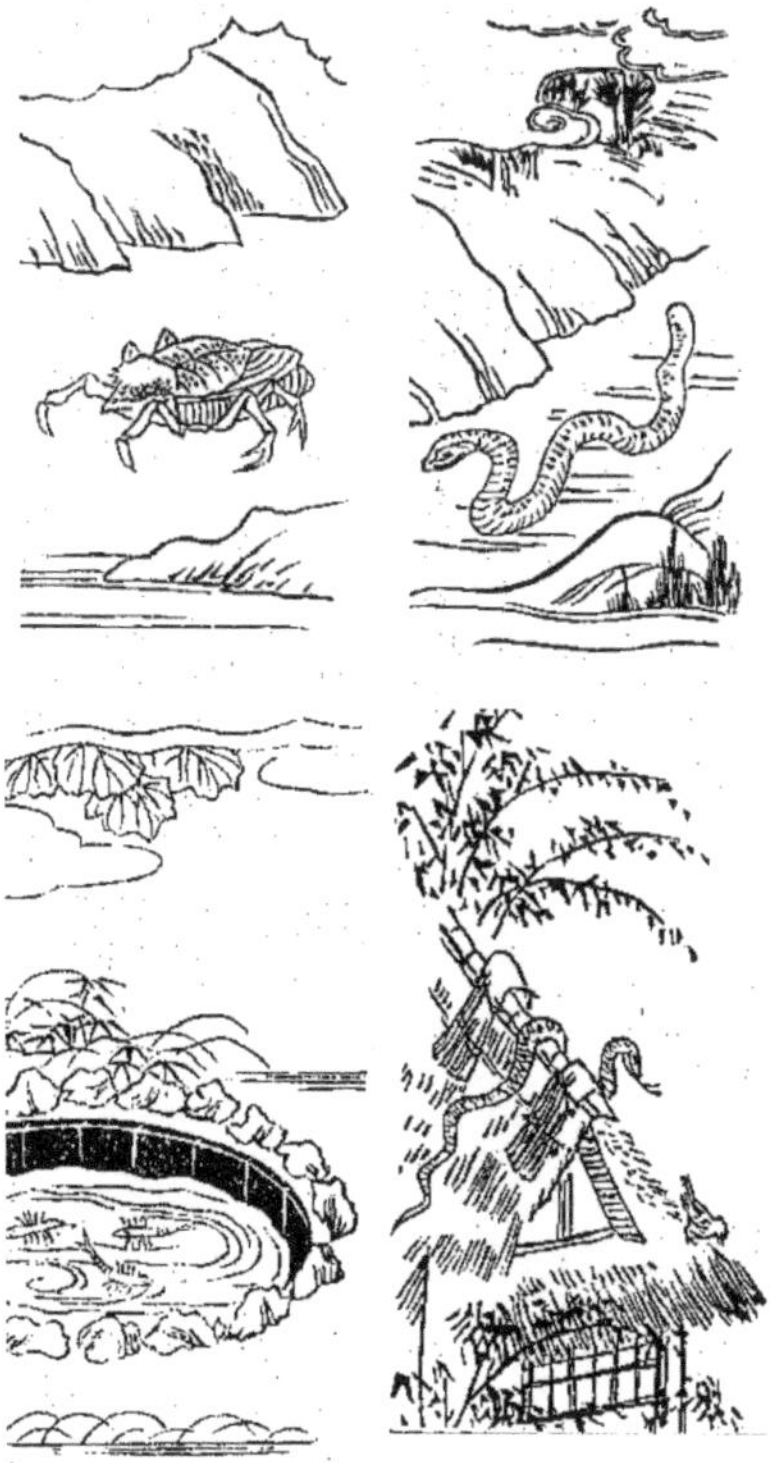

図 2-1　『和漢三才図会』中の挿画.「野槌蛇」(右上),「黄頷蛇」(右下),「蝛」(左上),「蟾」(左下)

図2-2 熊楠が幼少期に記した「外夷人物」の図(南方熊楠顕彰館蔵)

このとき、熊楠さんが読んだ巻の内容を見てみると、「天象類」は「流星」「彗星」や「雲」や「風」などの天空の諸現象が扱われている。このときは「題」つまり項目名を書くだけで精一杯だったようだけれど、熊楠さんは後に、「太陽」や「月」や「星」について記した一巻「天部」や、「星座」に関して記した二巻「天文」を含めて、かなりの巻についてきちんと書き写すことになる。

「異国人物部」には、「震旦《しんたん》」(中国)や「朝鮮」の歴代王朝、さらに「琉球」、「蝦夷」などが扱われている。それぞれの国の言葉、つまり中国語、朝鮮語、琉球語、アイヌ語の簡単な単語が附されているなど、対象となる文化に対する敬意も感じられる。鎖国の時代にあっても江戸時代の一般の人々が、こうした近隣の国々に対してけっこう国際的な感覚を持っていたことがわかる内容となっている。

「外夷人物」では、「占城《ちゃんぱん》」(ベトナム)「柬埔寨《かんぼちゃ》」(カンボジア)「暹羅《しゃむろ》」(タイ)「爪哇《じゃわ》」(インドネシアのジャワ島)「真臘《しんろう》」(タイ・カンボジア)などの東南アジアの国々のことが書かれ、さらに「呂宋《るそん》」(フィリピンのルソン島)「阿媽港《あまかわ》」(マカオ)などでは、その頃進出して来たヨーロッパ人の服装に身を包んだ人たちが描かれ、本国「以西巴爾亜《いすはにや》」(スペイン)の項目もある(**図2-2**)。

「外夷人物」の後半になってくると、さらに遠い国々に話は及び、「天竺《てんじく》」（インド）「榜葛剌《べんがら》」（ベンガル）「蔵国《ぞうこく》」「吐蕃《とばん》」（チベット）「于闐《うてん》」（ホータン）「大食《だいし》」（サラセン・アラビア）「波斯《はるしゃ》」（ペルシア）のような南アジア・中央アジア・西アジアの国から「弼琶羅《みはら》」（北部ソマリア・ベルベラ）「崑崙層斯《こんろんそうし》」（東アフリカのザンジバル）のようなアフリカの国も登場している。その一方で、かなり根拠の怪しい情報が現れるようになり、どう見ても想像上のものとしか思えないような国も多く登場する（以上、現代の地名との照合は平凡社東洋文庫版『和漢三才図会』による）。頭は犬で胴体は人間という人たちの「狗国」や、羽の生えた人たちの「羽民国」、女ばかりの「女人国」などだ。

天空のできごとから地上の国々まで。世界旅行のような刺激的な興奮と、空想上の奇妙な国々に対する好奇心。実際に『和漢三才図会』を手に取ると、この時に熊楠さんが感じたワクワクするような楽しさが伝わってくる。「百科図鑑」と言うと、決まり切った知識が並べ立てられているような印象もあるけれど、『和漢三才図会』には、今の目から見ても、未知の世界を手探りで明らかにしていくような面白さが詰まっている。

さて、佐竹産婦人科の二階で読んだこの時から、熊楠さんは『和漢三才図会』が欲しくてたまらなくなったようだ。十歳の時には本屋さんの子どもだった友だちのところで、一部が売りに出ているのを見つけた。七円ということだから、今の値段にすると十万円くらいだろうか。お母さんにねだったけれども、お父さんの耳に入って、叱られてしまったという。

その後、同じ小学校で学んでいた津村多賀三郎という人の叔父が『和漢三才図会』百五巻を持っていると聞きつけて、なんとか借りられないものかと画策していた。そんな中でチャンスが訪れる。

ボクが十三歳になった正月の三日に、その人が住んでいるところに父が行くことになった。そこで使用人の一人を遣わして、最初の巻から六、七巻までをねんごろに頼んで借り受けて、本文も図も写し始めた。借りた巻をすべて写し終わると、さらに続きの巻を借りて前のものを返す。およそ一年半の間そのようにしていると、その人の叔父さんは、毎回人を遣わして借りたり返したりするのはわずらわしいだろう、ということで百五巻をまるごと箱のまま貸してくれた。ほんとうに嬉しくて、それからはますます熱心に励んだ。そして、ついに翌年、明治十四年の春の終わりに百五巻すべてを、細かい字で写し終わった。（同前、一四四頁）

つまり、本を借りては写し、借りては写しで、ついに全巻の筆写を完成させることになる。この証言が発見されたことで、『和漢三才図会』の全巻を外で読んで記憶して、急いで帰って写したというようなこれまでの伝説は、ほぼ完全に否定されることとなった。

ただし、この文章もやや誇張があるようで、最近の調査からは、百五巻全部を写したという言葉も疑問視されている。南方熊楠顕彰館と南方熊楠記念館の資料を調べたところでは、現在のところ四十八巻分しか確認できていないからだ。動植物などの博物学的な部分はすべて筆写されているが、中国や日本の地理部などは飛ばしているなど、どうやら気に入った部分を選んで写していたように見える（図2-3）。

それでも、その筆写の総量は驚くべきものだ。熊楠さんが『和漢三才図会』を書き写し始めたのは

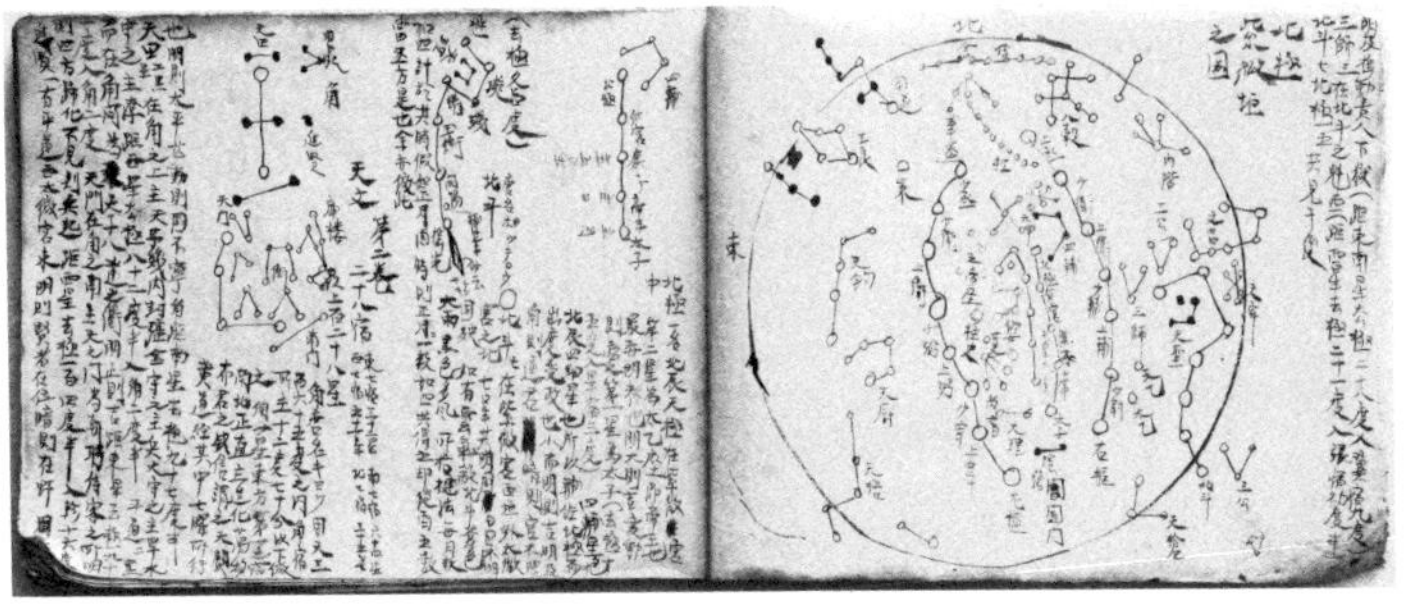

図 2-3　熊楠が筆写した『和漢三才図会』星座の部分(南方熊楠記念館蔵)

数え年十三歳の正月とあるので、明治十二(一八七九)年一月。それから明治十四(一八八一)年の春の終わり頃まで、二年と数か月かかったことになる。つまり高等小学校から中学校に入学し、三年生に上がった頃までということだ。学校に通いながらこんな大部の百科図鑑を写し続けているのだから、さぞかし忙しかったことだろう。

実際、この頃のことについて、熊楠さんは「夏は蚊を追い払う間もなく、冬は火鉢にあたる間もなかった」と描写している。さらに、あまりに根を詰めすぎたせいか、精神的な病を得てしまったという。詳しくはわからないが、これは青年期以降に熊楠さんが悩まされたてんかんの発作のことかもしれない。文字通り命がけ、というような勢いで、少年期の熊楠さんが『和漢三才図会』に立ち向かっていったことがわかる。

『和漢三才図会』を筆写し終えた後に和歌山中学を卒業すると、熊楠さんは満十六歳で東京に出て神田にある共立学校《きょうりゅうがっこう》に入学した。この時、同郷の親友の羽山繁太郎《はやましげたろう》の下宿を訪れた際、中近堂という書店から『和漢三才図会』の新しい版が刊行される予定であることを知って、すぐに予約することになった。

この羽山繁太郎という人物は、熊楠さんにとっては一つ年下の、友人以上の人物で、同性愛的なきずなで結ばれていたことが知られている。

ところが、羽山は熊楠さんがこの後、アメリカに留学して孤独な生活を送っている際に、病気のために日本で早世してしまうことになる。

だから熊楠さんにとって『和漢三才図会』は、そうした十代の思春期の甘い思い出ともつながるものとなった。その後、中近堂の『和漢三才図会』は三巻本として出版され、最後の巻は弟の常楠からアメリカの熊楠さんの元に送られることになった。ここまで見てきた『和漢三才図会』に対する思い出は、この本の余白に二十二歳の時の熊楠さんが書き付けたものだ。その最後には、次のように記されている。

この本は、ボクの人生の半分くらいの意味を持っている。ボクを苦しめるのも悩ませるのもこの本だ。……ボクはこの本によって不治の病を得たけど、同時に多くの知識を授けられることにもなった。……ああ、ボクが文句を言いたいのも、ボクが誉めたいのも、両方ともこの『和漢三才図会』という本なんだ。ボクはこの本のほんとうの友人なんだと思う。この本だって、ボクがいなければ安心することはできないだろう。

（同前、一四四〜五頁）

終わりの方の文章は、まるで『和漢三才図会』という本が人格を持っていて、その人に対して直接呼びかけているようで、とても印象的だ。この本は少年期から青年期にかけての熊楠さんに知識を授けただけではなく、人格の形成という面でも大きな影響を与えたことがわかる。

そして、熊楠さんが「この本だって、ボクがいなければ安心することはできない」と、開き直って書いていることにも一理ある。もちろん『和漢三才図会』は江戸時代の教養の基盤として広く流通していた本だけれど、明治に入るとそうした「古い」知識は西洋化の中で刷新され、顧みられなくなる時代が来ようとしていた。そんな中で、熊楠さんのような「新しい」世代の子どもの一人が、自分が生まれる百五十年以上前に書かれたこの図鑑の真価を見いだしたのは、『和漢三才図会』という本にとってもとても幸運なことだった。

なぜなら、今日の目から見て熊楠さんは、半ば忘れ去られようとしていた『和漢三才図会』の価値を最大限に用いて、世間に知らしめた張本人と言うべき人物だからだ。それも、日本国内だけでなく、英文論考などを通じて世界の知識人に広く紹介した。たとえば『和漢三才図会』は「天」の部から始まっているけれど、熊楠さんが二十六歳の時にロンドンで書いた英文の第一作は、ここから得た知識が元になっている。

「東洋の星座」と題されたこの論文は、主に中国とインドの星座を比較したもので、その中国の部分の紹介のために、熊楠さんは『和漢三才図会』の内容を用いた。中国の星座は、今の私たちが慣れ親しんでいる西洋式(ギリシア式)の星座とは異なり、天文や気象、動物や農作物、職業や身分などに基づく独特のものだ。熊楠さんはそれを英語に直して説明して、一流の科学誌『ネイチャー』へのデビュー作で用いたということになる。

中国人が古代から独自の星座を用いてきたことについて、熊楠さんは「東洋の星座」の中で「中国式の体系は、疑いもなく独特の性格を有している」として、それぞれの星座の作り方や、月の宿る天球上の位置が二十八の「宿」に分けられていることを紹介する。そして、その基本的な考え方について次のように説明している。

こうした思考法の根本的な原理は、謎めいた言葉で表されている。「星は精である」と。その意はこう続けられる。「体は地上で生まれ、精は天上で完成される」。結局、中国人が関心を寄せてきた多種多様な世俗の事物が、今となってはまったく忘れさられたものを含めて、それらにちなんだ星や星座の名前で、その昔日の存在をわれわれに思いおこさせているのである。

（『南方熊楠英文論考［ネイチャー誌篇］』二八頁）

ここで中国の星に関する考え方として引用された「星は精である」と「体は地上で生まれ、精は天上で完成される」は、両方とも『和漢三才図会』の「天部」の「星」の項と「天象総評」の項から引用されたものだ。寺島良安が中国の星に関する哲学を表現した言葉を、熊楠は英語に直して西洋人に伝えた。当時のヨーロッパには漢字が読める少数の東洋学者はいたけれど、一般には中国や日本の文化はほとんど知られていなかった。そこで、熊楠さんのような両方の文化に通じた人が重宝された。

熊楠さんは、和歌山から東京に出て東京大学予備門で学び、十九歳でアメリカ、二十五歳でイギリスに渡って、若い頃は英語でのみ論文を書いていた。一八九三年の「東洋の星座」以降、熊楠さんは『ネイチャー』に何本もの論文を掲載することになるけれど、その時に目標としていたことについて、次のように語っている。

ボクはその頃何度も『ネイチャー』に投書した。そして東洋にも、(西洋人が一般に考えているのとはちがって、今日から見れば幼稚で未熟に見えるかもしれないけれど)近世まではヨーロッパに恥じないような科学があったことを、西洋人に知らせようとがんばったんだ。(『全集』七巻、一六頁)

ところで「東洋の星座」の中国の星座の部分は、明らかに『和漢三才図会』の内容と一致しているのだけれど、熊楠さんは出典としては挙げていない。その後も『ネイチャー』への投稿論文では、『和漢三才図会』の名前を挙げている例はそれほど多くない。

でもそれは、『和漢三才図会』の知識が、熊楠さんにとって、あまりにもあたりまえのものとして血肉と化していたからではないだろうか。アブとハチの混同について、ロシアの貴族で昆虫学者のオステン゠サッケン男爵と共同研究した際には、手紙の中で『和漢三才図会』のことを「おそらく日本における最高の百科全書」と評している。後年になると、『訓蒙図彙』については時おりその分類の不確かなことを批判しているけれど、『和漢三才図会』については生涯信頼し続けたようだ。

それにしても、『和漢三才図会』が天の部から始まることと、熊楠さんの英国での学界発表が「東洋の星座」から始まることには、なにか因縁のようなものを感じさせるところがある。熊楠さんがこの論文を投稿した理由としては、『ネイチャー』の創刊者で編集長だったノーマン・ロッキャーが天文学者で、その関心を惹こうとしたという説が有力だ。でも、『和漢三才図会』をあれほど読み込んでいた熊楠さんは、「自分も天の部から世界のすべてを描いて行きたい」と思って、ねらっていたところもあるのではないだろうか。

3 図鑑をフォークロアとして読み替える

こうして熊楠さんは小学生から中学生のころ、つまり六歳くらいから十四歳くらいまでの間に『頭書増補訓蒙図彙大成』や『和漢三才図会』を夢中になって読んだ。そして、その内容を書き写すことで、その後の驚嘆すべき博識の基盤と言うべき部分ができあがっていった。これらの江戸時代の百科図鑑が、中国から伝わった東アジアの教養を受け継いでいて、今のような西洋式の科学とは異なる考え方に基づくものだったことは、ここまで書いてきた通りだ。

そういう知識は、明治の新時代に入ると、西洋からの学問に取って代わられて、「時代遅れだ」と思われがちだった。それに対して熊楠さんは、むかしの人たちが一生懸命に考えたことを軽んじたりしなかった。むしろ、友人の田中長三郎という人の言葉を使って、こんなふうに擁護したりしている。

この人〔田中君〕が言うには、「日本の今の生物学は、江戸時代の本草学や物産学よりもレベルが低い」と。これは言い過ぎのように見えるけれど、実際には真実の言葉だ。むかしは、こういう学問をする人たちは、みんな本心から好きでやっていた。なのに、今の人たちは、これで学位が取れるとか、就職に有利だとかいうことしか考えていない。落ち着いて実物をその場で観察することをしないで、ただただ洋書を翻訳して読んでは、聞きかじりの学問を自慢げに吹聴するだけだ。それでは新しい考えや役に立つ方法は、何も出てこないじゃないか。（『全集』七巻、二八頁）

うーん、なかなか耳が痛い。熊楠さんがこの言葉を記したのは一九二五年のことだから、「今の」というのは大正末期、「むかし」というのは江戸時代以前ということになるだろう。とは言え、二十一世紀の現代の日本でも、「生物学」だけではなくほぼすべての学問や文化の分野について、多かれ少なかれ当てはまることなのではないだろうか。

そんな熊楠さんが子どもの頃から読んで評価していた図鑑類をもう少し挙げておこう。もともと「本草学」と呼ばれ、植物を薬として用いることを目的とした学問は、中国では二千年以上の長い歴史を持っている。紀元前三世紀以前に書かれた『神農本草《しんのうほんぞう》』では三百六十五だった種の数は増え続け、十二世紀の『大観本草《たいかんほんぞう》』では千七百種以上に達している。そして植物だけでなく、昆虫や動物などの多様な生物、さらには鉱物などの自然現象を扱うようになる。

その集大成となったのが、明の時代、一五九八年に李時珍が編纂した『本草綱目』だ。実は、『訓蒙図彙』にしても、『和漢三才図会』にしても、その多くの情報を『本草綱目』から引き継いでいる。熊楠さんも、図鑑に興味を持ってからすぐにそのことに気づいたようで、八～九歳の頃には『本草綱目』を読み始めた。その成果として、『和漢三才図会』の筆写と同じような細かい文字で筆写された『本草綱目』の帳面が、和歌山県の南方熊楠顕彰館と南方熊楠記念館に残されている（**図3-1**）。

その後、生涯にわたって熊楠さんが『本草綱目』を使い続けたことは、次のような文章から明らかだ。

〔『本草綱目』は〕同じ時代のヨーロッパの名高い学者たちによる博物学の大著などに比べても、全然負けていない。……知識を集める範囲の広さや、その分類方法の論理的なことは、本当に東洋の学問としての一大事業を成し遂げたものだ。李時珍はこのために二十六年もの長い月日を費やして、心血を注いで完璧を期した。ボクなんかは八、九歳の頃から、四十七歳の今に至るまで、朝から晩まで、その恩恵を受け続けている。

（『全集』六巻、四七四頁）

図 3-1　熊楠が写した『本草綱目』の表紙（南方熊楠顕彰館蔵）

『本草綱目』は江戸時代初期に日本に輸入され、その後の博物学の基礎となった。有名な儒学者の林羅山《はやしらざん》は、長崎で『本草綱目』を入手し、主君の徳川家康に献上した。また羅山は、『本草綱目』の知識を応用した農学や注釈書を刊行している。その後、貝原益軒《かいばらえきけん》は一七〇八年に、『本草綱目』に記載された動植物を日本の実態と比較しながら検討した『大和本草』を著した。小野蘭山《おのらんざん》は、『本草綱目』に基づいて、さまざまな和漢書を利用しながら自説を加えて『本草綱目啓蒙』を一八〇三年に刊行している。

こうして江戸時代を通じて、『本草綱目』を基にしながら、博物学は大きく発展することとなった。

博物学者たちは植物や他の生きものを目当てに各地を調査し、それぞれの土地でも地元の学者が育っていった。特に自然が豊かで学問が盛んだった紀州藩では、小野蘭山の弟子の小原桃洞《おはらとうどう》や、その弟子の畔田《くろだ》翠山《すいざん》などが活躍した。紀州藩の城下町である和歌山に生まれた熊楠さんは、そうした江戸の学問の流れの最後の部分に位置していたとも言える。

さて、十代の熊楠さんが他に注目した中国の古典としては、九世紀の唐の時代の段成式《だんせいしき》による『酉《ゆう》陽雑俎《ようざっそ》』という本も挙げておきたい。『酉陽雑俎』はいわゆる図鑑ではないけれど、「道教や仏教から天文や年中行事、説話の考証から動植物の記述にいたるまでの広い視野」を持った書で、さまざまなことが事典的に書かれている。熊楠さんの研究を切り開いた先駆者である故・飯倉照平《いいくらしょうへい》氏は、『酉陽雑俎』のことを「唐代の知的パノラマ」と呼んで高く評価していた。ただ、熊楠さんの時代には、この『酉陽雑俎』の内容はでたらめなものであるとされて、正統的な漢学者からはあまり評価されていなかった。

それに対して熊楠さんは、「『酉陽雑俎』という本は、これまでウソばっかりで真実は書かれていないとされて、ホラ吹きの代表者みたいに漢学者が言っていて、みんな全然評価していないけれど、ボクはちょっとおかしいと思う」と反論した。熊楠さんが注目したのは、役人であった段成式が、赴任先の地方の言い伝えをきちんと残そうとした点だ。

段成式に関して、熊楠さんは「特に「貶誤《へんご》」という部を作って、古い言い伝えや昔話の起源と移り変わりを述べている。これは西洋人に先んじて、比較古話の学問を開始したもので、東洋のために誇れることだ」と賞賛している。「貶誤」は「まちがいを正す」という意味だけれど、まちがいだと思われていた話も正確に記そうとする態度を、熊楠さんは評価したのだろう。
熊楠さんはこの『酉陽雑俎』の和刻本を、十六歳の時に東京で購入した。その本を十九歳からの海外放浪の時期にもたずさえていて、ある日、それを読みながら大発見をすることになった。それについては、後に一九一一年三月の『東京人類学雑誌』に発表していて、そこには「二十三年前」と書かれているので、一八八八年、二十一歳の時だったということになる。

二十三年前、ボクがアメリカにいた頃、『酉陽雑俎』続集巻一に、中国のシンデレラ物語があるのを発見して記録しておいた。……せっかく長い間とっておきのものとしていたのを、このままにしておくのは惜しいので、ここで報告しておきたい。もしすでに、専門家の間では知られていることであったとしても、この物語がヨーロッパ特有のものだと思っている人たちの、視野を広げてあげるという効果はあるはずだから。
（『全集』二巻、一二九頁）

熊楠さんの言う通り、『酉陽雑俎』には「葉限《しょうげん》」という娘の話があるのだけれど、これはシンデレラ物語にそっくりだ。葉限は継母とその娘にいじめられ、苦しい仕事をさせられていた。ある時、赤いひれと金の目をした魚を一匹とって、それを育てることにした。大きくなりすぎたので、裏手の池に放したところ、継母がそれを知り、切り殺して食べてしまった。葉限が泣き叫ぶと天から人が降りてきて、魚の骨を祀るようにと言った。そしてお祭りの日のために、葉限に翡翠《ひすい》の羽で紡いだ上衣と金の履物を用意してくれて……。

と「葉限」の話は、ヨーロッパのシンデレラ物語と細部は異なるが、根幹となる部分は一致している。もちろん、葉限は金のくつを落としてしまい、隣の島の王様がそれを手に入れる。そして、そのくつに合う女性を探して葉限を発見し、求婚して妻とした。一方、継母とその娘は石打ちの刑を受けて死んでしまう、というのが結末だ。これだけ似ていると、偶然と考えることはまず無理で、中国の話がその後何百年もかけて西洋に伝わって、十七世紀末のシャルル・ペローや、十九世紀のグリムの童話集の中のシンデレラの話につながったと見るしかないだろう。

この「西暦九世紀の支那書に載せたるシンダレラ物語」という論文を書いた時、四十四歳の熊楠さんが住んでいた田辺は、都会とは隔絶された場所だった。二十代後半から三十代前半にかけてロンドンにいた頃とはちがって、世界の最先端の研究を把握できない状況にあった熊楠さんは、これが新発見かどうか、自信がなかったようだ。けれどこの論文は実際、シンデレラの話の元が中国にあるという世界初の報告だった。段成式はこの話を南方の人から聞いたと記していて、もともとは東南アジアの話が中国に伝わったものだということが、現在では定説となっている。

こうした『酉陽雑俎』の中の説話研究の部分を、熊楠さんが西洋の学問との比較で本格的に評価するようになったのは、ロンドンにいた二十代半ばあたりからのようだ。その当時作成していた「課余随筆」というノートの第五巻には、「フォークロア」という言葉を使って、次のような覚書が記されている。

フォークロアの学問は、西洋ではあまり古いものではない。中国の『酉陽雑俎』には昔話がたくさん集められているだけでなく、特に「贬誤」という部があって正しいことを書いている。……日本の馬琴も『燕石雑誌《えんせきざっし》』などで昔話を論じているものが少なくないけれど、この人の説はこじつけばかりで、うんちくを垂れて奇弁も多い。

熊楠さんが言う通り、ヨーロッパでフォークロアが学問として注目されたのは、当時としては比較的新しいことだった。口伝えで語られてきた物語を、十九世紀の初頭、ドイツのグリム兄弟が初めて体系的に記録し収集した。それに刺激されて一八四六年に英国のウィリアム・トムズという人が「我が国でも同じような収集をおこなおう」と提唱し、そのために「フォークロア」という英語の単語を新たに造語することになった。英国では一八七八年にフォークロア学会が設立されている。

そしてアメリカでフォークロア学会が設立されたのは、まさに熊楠さんがシンデレラに関する発見をした一八八八年のことだ。そういう気運を受けて、熊楠さんはフォークロアという新しい学問に注目し、その観点から『酉陽雑俎』やその他の中国や日本の博物学の記述を読み直そうとした。段成式は『酉陽雑俎』でかなり自覚的にこうした不思議な話を集めようとしているけれど、考えてみれば本草学書の中にも、自然科学一辺倒ではなく、民間伝承を取り入れた情報がたくさん埋もれている。それらを英語で紹介していけば、それはそのままフォークロアに関する貴重な報告となる。

アメリカやイギリスで暮らしていた頃、熊楠さんはこのように考えたにちがいない。そして、それまで読み込んでいた本草学・博物学の本を英語で紹介していくという方向に、自分の目標を絞り込んでいった。その成果の一端が「東洋の星座」に始まる『ネイチャー』誌への投稿だったというわけだ。

一八九五年には、熊楠さんは「マンドレイク」と「さまよえるユダヤ人」という二つの重要な論文を『ネイチャー』に発表しているけれど、どちらも自然科学ではなく、フォークロア研究と呼ぶべき内容になっている。

そこで、熊楠さんは一八九九年からは『ノーツ・アンド・クエリーズ』(以下『N&Q』と表記)という雑誌にも投稿を始めることになる。実はこの『N&Q』という雑誌は「フォークロア」という単語を考案したトムズ自身が、一八四九年に関連情報の読者間での交換と収集のために創刊した週刊の学術雑誌だった。当時の『ネイチャー』は今よりも扱う範囲が広く、フォークロアの論文を載せることもできたけれど、やはり雑誌の中の主流ではないという感じはある。だから、熊楠さんは自分のフォークロア研究の発表先としては、徐々に『ネイチャー』から『N&Q』に場を移していくことになった。

『N&Q』への投稿は、一九〇〇年のロンドンから日本への帰国後に、さらに量が増えていくことになる。一九〇四年末に田辺に定住してからは、毎週届く『N&Q』をチェックして、自分が答えたい記事を見つけては、投稿論文を執筆することが熊楠さんの日常的なルーティーンになっていった。田辺の南方熊楠顕彰館には、熊楠さんがめぼしい記事に〇をつけたり、自分の発想を書き込んだりした『N&Q』誌が残されている。それは一九三三年、熊楠さんが六十六歳の時まで続けられた。

その一方で、帰国後の熊楠さんは、日本語でのフォークロアの論文を書こうと苦心することになる。この時期、日本ではフォークロアの研究は、一九一〇年に熊楠さんより八歳年下の柳田国男が書いた『遠野物語』によって本格的に始められることとなった。柳田は、後に「民俗学」と呼ばれるようになるこの分野の日本での学界を主導していく人だ。熊楠さんはその翌年の一九一一年から柳田と文通するようになり、関連の論文を日本語で発表する機会が飛躍的に増えていく。

熊楠さんのフォークロア研究の日本語での集大成となったのが、一九一四年から一九二三年の間、博文館の雑誌『太陽』に連載した「十二支考」だ。これはその年の干支《えと》である動物に関して、世界中の文献からの知識を比較検討しながら書いたものだ。寅年から始まって子年、つまり「虎」から「鼠」までは書かれているのだけれど、最後の「牛」については書かれなかった。だから正確には「十一支考」ということになる。

四十七歳から五十六歳にかけて書かれた「十二支考」には、熊楠さんの学問的研鑽の成果がてんこ盛りになっている。たとえば、大英博物館で熊楠さんが九か国語の文献を筆写した五十二冊のノート「ロンドン抜書」からの世界中の動物に関する情報がふんだんに使われている。また、主に漢訳仏典を集めた「大蔵経」をお寺から借りて筆写した六十一冊のノート「田辺抜書」も主な情報源だ。さらに、田辺に住み始めてから買いためた洋書や和漢書からもさまざまに引用されている。

それでもやっぱり「十二支考」の基盤になっているのは、熊楠さんが幼少期から慣れ親しんでいた中国や日本の本草学・博物学だった。『和漢三才図会』や『本草綱目』からの知識は、「十二支考」の重要な部分で、ここぞとばかりに使われている。そういう意味で、飯倉照平氏の言い方を借りれば、熊楠さんの生涯をかけた学問とは、「和・漢三才図会」を「和・漢・洋三才図会」にすることだったと言えるだろう。つまり、熊楠さんは東アジアの知識を基盤として、それを世界大に広げたということで、その代表作が「十二支考」なのだ。

たとえば「十二支考」の初回の「虎に関する史話と伝説、民俗」について、そのことをたしかめてみよう。一九一四(大正三)年の『太陽』の新年号に掲載するために、熊楠さんは前年の十一月から執筆を始めている。その時に使ったのが「腹稿」と呼ばれる巨大なメモだ。メモと言っても新聞紙大(つまりA2くらいのサイズ)に、縦横無尽に所せましと書き散らかされているようなものだ(図3-2)。この時の腹稿は、『太陽』の「十二支考」「虎」だけでなく、同じ時に発表された『日本及日本人』という雑誌へ寄稿した「虎に関する俚伝と迷信」および『不二』という雑誌への「虎に関する笑話」にも利用されている。

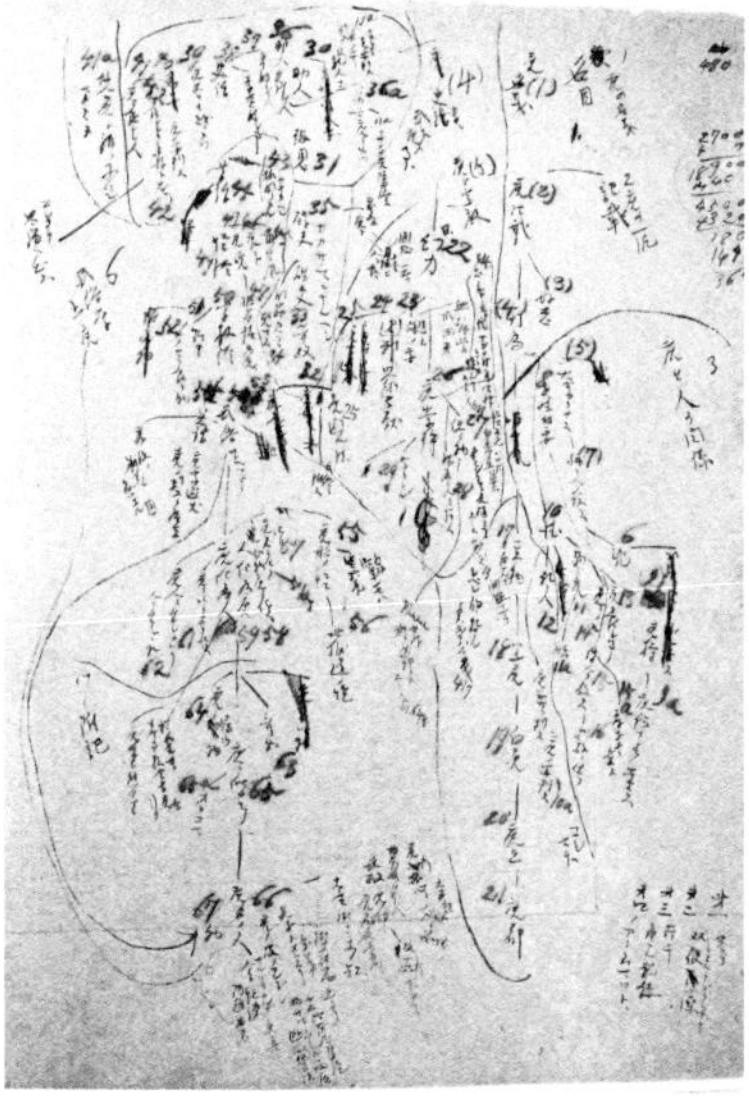

図3-2　熊楠の「虎」に関する腹稿の一部
(南方熊楠顕彰館蔵)

熊楠さんは「十二支考」の開始にあたって特に念入りに準備しようと考えたらしい。「虎」に関する腹稿は、計七枚も残されていて、何段階かにわけて推敲していった跡を示している。そのうちの最初に書かれたと思われる一枚の、始まりの部分には、主に引用すべき本のリストが見られる。そしてその第一番目に記されているのが『和漢三才図会』という題名だ(図3-3)。

実際、『和漢三才図会』の「虎」の項目は、熊楠さんの「十二支考」「虎」の骨格とも言ってよいくらいの役割を果たしている。『和漢三才図会』の中の記述は、『日本及日本人』と

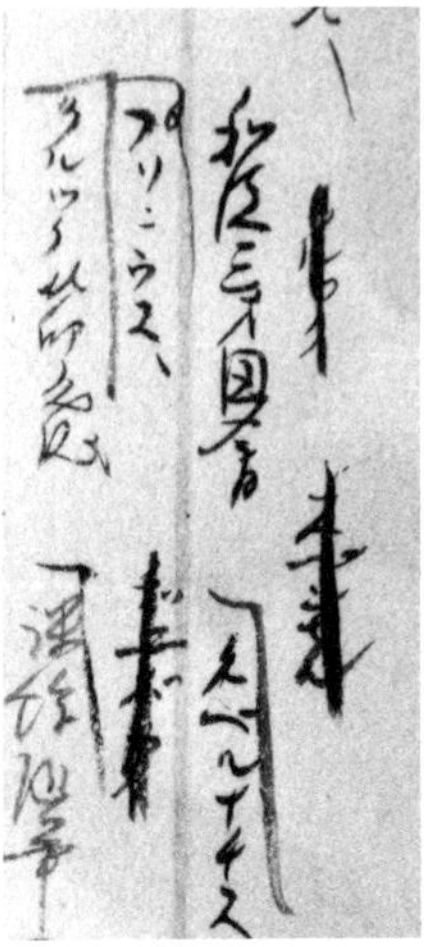

図 3-3 熊楠の「虎」に関する腹稿の中の『和漢三才図会』への言及(南方熊楠顕彰館蔵)

『不二』への論考も合わせると、端から端まで全部が使われていることがわかる。そのあたりについて、ちょっと確認してみよう。

まず、『和漢三才図会』の「虎」の項目には、**図 3-4** のように虎のすがたが描かれ、「とら」「虎」「フウ」「和名止良」と、日本と中国での呼び名が記されている。そして、本文は次のように始まっている。

『本草綱目』には次のように書いてある。「トラは山のけものの王様だ。かたちはネコに似ていて、大きさは牛ぐらいで、黄色が基調で黒いもようがあって、カギのような牙とカギのような爪を持っている。ヒゲは丈夫でとがっていて、舌は人の手のひらほどもあって、トゲがさかさまに生えている。うなじは短くて、鼻は平らで、夜見ると一つの目は光を放ち、一つの目は物を見ている。」

ここまでは、第1章で見た『訓蒙図彙』とも、ほとんど同じ内容だ。『本草綱目』の描写をいきなり引用しているけれど、それは中国と日本における知識のスタンダードだからということになるだろう。おもしろいことに、熊楠さんも「十二支考」の「虎」では、同じような手法を用いて次のように書いている。

トラについての記述を学術的にしちめんどうくさく書くよりも、『本草綱目』に引用されている『格物論』(唐の時代のものらしい)をまた引きするのが、一番手軽でわかりやすい。いわく「トラは山のけものの王様だ……」

（『全集』一巻、七頁）

つまり、『本草綱目』の記述もまた、それより五百年以上前の唐の時代の『格物論』から引用されているということだ。だからこの知識は、唐の時代の『格物論』→一五九六年の『本草綱目』→一七一二年の『和漢三才図会』→一九一四年の「十二支考」と伝えられているということになる。このように、漢字圏の知識は古いものがずっと踏襲されている場合が多く、熊楠さんは、自分がその伝統を引き継いで、まとめているのだという気持ちが強かったのだろう。

さて、この次に扱われている「一目が光を放つ」とか「虎が鳴けば秋風が吹く」といった「フォークロア」については第1章で紹介したので飛ばしておこう。トラの目と言えば、死んだ後に地面に落ちてコハクになるという次のような伝承もとても興味深いものだ。

図 3-4　『和漢三才図会』「虎」の項目

猟師がねらいをつけてトラに矢を放ち、当たれば目の光が落ちて地面に入り、白い石のようなものになる。これをコハク(琥珀)という。トラの頭のてっぺんがあった場所を記しておいて、夜の間にそこの地面を掘ると、三十センチくらいの深さでコハクを得ることができる。人が首を吊って死ぬと、その魂が地面に入って、そこを掘ると炭のようなかたちのものが見つかるというのと、同じことだろう。

(『全集』五巻、四三六頁)

こうした伝承から、コハクは「虎」の「魂」を組み合わせたものを語源として「琥珀」という漢字の名前が与えられた。しかし、熊楠さんは、この不思議な伝承についても、まるきり根拠がないものという断定はしていない。ヨーロッパでも、天空から落ちてきた隕石のまわりには「星腐り」というネバネバした物質がばらまかれる、という伝承が最近まであったと、話を東アジアから世界へと広げていく。そして、最近の学者もこの「星腐り」に関して、科学的な観点から考察しようとしていることを示している。天空や動物の生命から降りてきたものが、地面に到達するとどうなるのかという問題は、いつの時代も人間の想像力を刺激するもので、そのことが熊楠さんの関心の焦点だったのだろう。

「十二支考」での熊楠さんの議論は、こんなふうに和漢の漢字文化圏の伝承から、ヨーロッパの文献を通じて世界との比較に発展するというパターンが多い。たとえばトラの名前についても、『和漢三才図会』の記述を踏まえて、次のように展開している。

李時珍は「虎」という字はその鳴き声に似せて作られたと言っている。「虎」の字は唐の時代には「フウ」と発音した。トラが「フウ」と吼える声を、そのまま名前にしたと言うんだ。これはもっともな説だね。世界中どこでも「オノマトペ」と言って、動物の鳴き声を、そのまま名前につけちゃった例がとっても多いんだ。

（『全集』一巻、六頁）

まあ、たとえば「カッコウ」という鳥の名前が、英語でもCuckooだ、というようなものだろう。さらに、中国ではトラの種類についてたくさんあることへと話は展開していく。これもまた、『和漢三才図会』「虎」の項目の中にある引用を、「十二支考」にそのまま持ってきた例だ。

『爾雅《じが》』には、トラの毛が短いものは「サンミョウ（虦貓）」、白いのは「カン（甝）」、黒いのは「イク（虪）」、トラに似て五本指のものを「チュ（貙）」、トラに似て本当ではないものを「ヒョウ（彪）」、トラに似てツノがあるものを「シ（虒）」というとしている。難しい漢字ばかりだね。

（同前書、九頁）

熊楠さんの議論が世界大に広がっていくのはここからだ。たしかに、中国では難しい漢字をたくさん使って、トラの種類について描写している。それは、古代の中国人にとって、トラがそれほど身近な動物だったということを意味している。当時はトラに食われてしまう人も多かったから、注意して観察し続けなければならなかったという事情もあっただろう。そんなふうに、人々の生活に近い存在のことに関しては、細かく名前が分けられるということが言語の特性として挙げられる、と熊楠さんは続ける。

実は中国にはむかしからトラが多いから、人々は特にトラに注意して、いろいろ区別をつけた。それは、日本でタカやウマにいろいろな種別を立てているのと同じことだ。サモエデス人は、トナカイに注意を払うので、その灰褐色が薄いか濃いかを、十一〜十二の別名で言い分ける。アフリカのヘレロ人は、牧牛に熱心で、ウシの毛の色を言い分ける単語がとても多い。芝とか空の色は一つのことばにまとめてしまって何とも思わないけれど、ウシの褐色を区別できない者は大ばかと呼ばれる。田辺の漁師は、大きさを見てブリの種類を「つばす、いなだ、はまち、めじろ、ぶり」とすぐに言い分けられる。ところがヒツジとヤギの区別さえつかないのさ。(同前書、六頁)

つまり、物の種類を言い分ける時に、文化によって優劣の差があるわけではない。それぞれの文化には特性があり、人々の生活に直結している物事に関しては、自然と注意が行き届き、細かな差異が意識されることになる。これは二十世紀以降に「文化相対主義」と呼ばれて、文化を研究する際の基本的な態度として確立されていく考え方だ。こうした点で、「十二支考」における熊楠さんのものの見方は、とても公平で先駆的なものだったということができる。

さて、そろそろこの章の結論を書いておこう。ここまで見てきたように、熊楠さんという人の関心は、幼少の頃に出会った知識を自律的に展開することで生まれていったものだ。十数年にわたる海外生活を通じて、『本草綱目』や『和漢三才図会』に代表されるような近代以前の東アジアの伝統的な学問は、熊楠さんの頭の中で、西洋の科学や思想と比較対照されて世界的な広がりを得るに至った。その結果が、大正期の日本において「十二支考」のような作品のかたちで発表されたということになる。

古いものをあっさり捨て去ってしまうのではなく、それを土台としてだいじにしながら、新しいものを受け入れていく。そんな熊楠さんの態度からは、二十一世紀の私たちも、と言うか二十一世紀の私たちだからこそ、学ぶところがあるのではないだろうか。

4 博物学をこころざし、ダーウィンの進化論に驚嘆する

前章では熊楠さん壮年期の「十二支考」の頃まで時代が先走ってしまったので、子どもの頃に話を戻そう。江戸時代の最後の年に生まれた熊楠さんは、明治とともに年齢を重ねた。たとえば明治十年の誕生日には満十歳、明治二十年には二十歳、明治三十年には三十歳という具合だ。その明治というのは、近代国家となった日本が、新しい制度を整えていった時代だった。学校もまた、明治とともにそれまでの藩校などとは異なり、全国で統一したあり方がいっせいに導入されることとなった。

特に明治五(一八七二)年の学制改革では、小学・中学・大学の三段階の課程が定められ、翌年から国民(ただし基本的には男子)に教育の機会が開かれることとなった。明治六年といえば熊楠さんは六歳で、ちょうど小学校入学の年に当たる。つまり、熊楠さんは明治日本の新しい学校制度の第一期生として、子ども時代を送ったわけだ。

だから、和歌山の実家近くの雄《お》小学校が開校すると同時に、熊楠さんは一年生として入学した。九歳の時には小学校の高学年の部分に当たる速成高等小学校が創設され、そこに進学。十二歳の時には、県立唯一の中等教育機関として和歌山中学校ができて、熊楠さんはやはり一期生として入学することとなった。こうして近代化を急速に進めていた明治の教育制度の最先端の世代としての恩恵を、熊楠

さんは受けることとなった。

その一方で、小学校の頃の熊楠さんは、近くの寺子屋に通って漢文の素読を習ってもいる。その学習の成果を活かして、江戸時代以前の百科図鑑を片っ端から読んでいたことは、ここまで紹介してきた通りだ。熊楠さんの場合は、そういう旧制度の教育と新制度の教育の「いいとこ取り」をしていたとも言える。そのことは、大きな視野で考えてみると、数千年の歴史を持つ東アジアの漢字文明と、古代ギリシア・ローマから近代に続くヨーロッパ文明という二つの文明圏の両方に軸足を置くという、世界史的に見ても稀な位置に熊楠さんを立たせることになった。

そんな熊楠さんが本格的に西洋の知識を吸収できる環境を得たのは、たぶん和歌山中学に入学してからのことだろう。紀州藩の藩校の伝統を受け継いだ和歌山中学には、県下の秀才が揃うことになった。彼らを教える教授たちも、さまざまな専門家からなる多彩な陣容だった。まあ、人数から考えても、この頃の中学校の教授は、今の大学教授以上にえり抜かれた知識人の集団だったと考えてよいだろう。

図 4-1　鳥山啓

和歌山中学の教授陣の中でも、熊楠が生涯にわたって自分の「先生」として慕い続けたのが博物学担当の鳥山啓《とりやまひらく》だった(図4-1)。一八三七年に田辺に生まれた鳥山は、熊楠さんより三十年前の世代に当たる。最初は蘭学を学び、その後時代の流れに沿って英語学習に転向した。明治時代に入ると、小学生向けの博物学の教科書を多く編纂し、当時の動物学の第一人者の田中芳男からも一目置かれていた逸材だ。
鳥山先生の思い出として、熊楠さんは和歌山中学時代の次のような授業でのエピソードについて語っている。

ボクは天文学についてはあんまり得意とは言えない。でも子どもの頃に学んだ鳥山啓先生という人がいた。……この先生が、ボクたちに『論語』の中の「『北辰』という星はいつも自分の場所を動かず、他の星々がこれに従う」という言葉について教えてくれたことがあった。そして「孔子の時代には、「北辰」が天球の中の北極にあったから、こう言ったんだね。現在では「北辰」は北極から位置がずれて、当時は「句陳」と呼ばれた星が北極星となっているんだよ」と説明してくれた。

（『全集』一巻、五七〇頁）

これは、地球の歳差運動と言って、地軸が何万年もかけて、小さな円を描くように振れることから起きる現象だ。すると地軸の先にある「天球の中の北極の位置」も、時代とともに動いていくことになる。孔子の生きていた時代は紀元前六〜五世紀だから、この授業がおこなわれた時からでも二千三百年以上昔のことだ。その間に、「北辰」(こぐま座β、別名コカブ)から「句陳」(こぐま座α、別名ポラリス)に北極星が移り変わったことについて、鳥山先生は語ってくれたのだろう。
これは、和漢の学問と西洋科学の両方に通じた鳥山先生ならではの授業と言える。それまでの「聖典」だった孔子の論語でさえ、新しい時代の科学を取り入れるとちがう見方ができるという鳥山先生のメッセージは、熊楠さん他の和歌山中学の学生に大いに刺激を与えたはずだ。前章では熊楠さんが古い和漢の知識をだいじにしたという点を強調したが、それは新たな光を当てることでその可能性をさらに広げていく、という意味だ。この後アメリカと英国で直接に西洋の科学と思想を学んだ熊楠さんは、現在の水準から言っても、最も革新的な知の世界の最前線にいた人だったことを忘れてはならないだろう。

『論語』に関する授業に見られるように、鳥山啓はオランダ語や英語から西洋の科学知識を直接に取り入れていた。その鳥山の指導の下で、熊楠さんは西洋の博物学書に触れることになった。そして、吸収した知識をまとめて、中学時代に『動物学』(記念館資料、未刊行)という自作の教科書作りに挑戦している。この『動物学』第一稿の序文は、最後に「南方熊楠」の署名とともに「明治十三年九月十七日」の日付が入っていて、熊楠さんが十三歳四か月の時の著作であったことがわかる。

その冒頭で、熊楠さんは自分の目指すものについて、次のように宣言している。

宇宙間の物体は森羅万象だ。これを見るととても豊かで、これを探求すれば広がりがあり、その原理を究明しようとすれば深淵で、その性質を理解しようとすれば複雑で、実にかぎりというものがない。

十三歳の時の熊楠さんの、未知なるものに対する好奇心をストレートに表す言葉と言ってよいだろう。熊楠さんも参考にしただろう当時の教科書には「森羅万象」という言葉が多く使われていて、明治初期の人たちが新時代に対して感じていた好奇心の高まりを感じさせるところもある。さらに熊楠さんは、みずから『動物学』を編集しようとした意図について、次のように説明する。

ボクはもともと博物学が好きで、特に動物学は人間にとって有益なものだと思って楽しんでいる。だから、それを書物のかたちにしたいと思って、英国のいろいろな本を参考にして、漢文と日本語の本で補いながら、この教科書を編集した。

この後、熊楠さんは『動物学』を何度も改訂し続けて、現在、南方熊楠顕彰館と記念館には、第一稿から第四稿までの四冊のノートが残されている。第四稿には「明治十四年一月三日」の日付が記されているから、中学二年生の九月頃から翌年一月頃にかけて、四か月くらいはこれに費やしていたのだろう。『和漢三才図会』の筆写も同時に続けていたから、かなり忙しかったはずだ。

『動物学』の第一稿から第四稿までを比較すると、この時期の熊楠さんが西洋の生物学を急速に吸収していったようすがよくわかる。まず、第一稿は全十三頁で、「博物学」や「動物学」に関する定義から始まり、「有機物」と「無機物」、「動物」と「植物」、「有脊椎《ゆうせきつい》動物」と「無《む》脊椎《せきつい》動物」の区分などの解説がある。そして「動物分類法」から「哺乳動物分類法」へと展開し、その哺乳類の筆頭として「二掌類」と「四掌類」が挙げられるという構成になっている。「二掌類」と「四掌類」というのは、今では使われていない分類だけれど、それぞれヒトとその他の霊長類を指していると考えればよいだろう。

全体を通して読むと、第一稿はまだまだ思いつきのメモというような感じにとどまっているものの、第二稿以降、記述はどんどん詳細になっていく。まず第二稿は全四十四頁で、哺乳類の全体に関して、ほぼ一通り扱われている。第三稿は全八十六頁で、これも哺乳類のみだが、記述はさらに詳しく正確なものとなっている。第四稿にいたっては全八十八頁で、「有脊髄《（ママ）》動物」だけではなく「無脊髄《（ママ）》動物」に関しても、さまざまな種類が図鑑的に取り上げられている。

熊楠さんのこの『動物学』が、中学生の作成したものとしてはとても高度なことは、たとえば「両生類」の扱いを見ればよくわかる。実は「両生類」という区分は、この頃は西洋でもまだ新しい知識だった。当時の動物学は、十八世紀末から十九世紀初めにフランスのジョルジュ・キュヴィエが骨格の比較対照に基づいて定めた分類を基礎としていた。しかしキュヴィエは脊椎動物を分類した際に、「哺乳類」「爬虫類」「鳥類」「魚類」の四つに分けていて、「両生類」は「爬虫類」の一部と見なした。これに対して、イギリスのトマス・ハクスリーは一八六三年に「両生類」を含めた五つの分け方を提唱した。

このことを踏まえて、熊楠さんは『動物学』第一稿で次のように書いている。

> この一綱目について、ハクスリー氏は爬虫類と水陸両生動物の二つの綱目に分けている。だけど爬虫類の中にも水中に棲んでいるものもあるし、両生類の中にも陸上だけに棲んでいるものもある。これに関して、ボクはまだよくわかっていない。だからこの二つの綱目を合わせて第三の綱目にしておきたい。

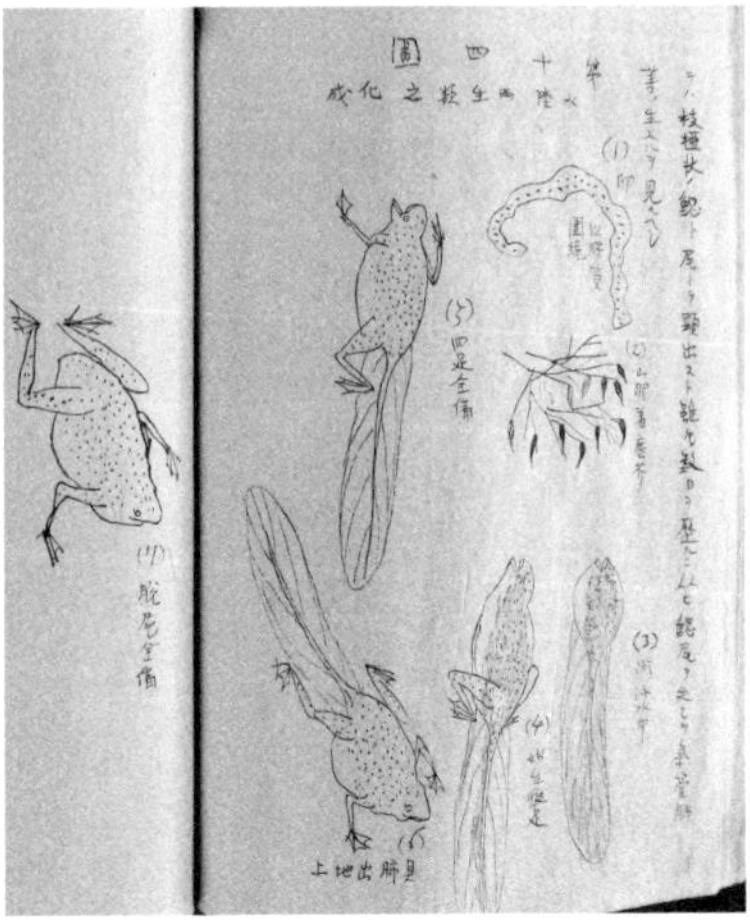

図 4-2　熊楠が『動物学』第四稿(南方熊楠記念館蔵)に描いたカエルの変態(化生)の過程

中学二年生の熊楠さんが、当時のヨーロッパのほぼ最新の学説について、自分で判断しようとしていることが、そもそも驚きだ。しかも、熊楠さんは『動物学』第二稿では「鰓《えら》肺両備動物」という名でハクスリーの説を受け入れて五つの分類を採用している。そして第三稿では「水陸両棲動物」、第四稿では「水陸両生類」と微妙に名前を調整しながら爬虫類との区別を明確にする。水陸両方で生活するだけでなく、幼生の時にはエラ、成長後は肺で呼吸することは両生類を爬虫類と分ける決定的な特徴で、そのことを熊楠さんがいちはやく見抜いていたことがわかる(**図 4-2**)。

おそらくこのあたりは、鳥山先生の意見も取り入れながら、熊楠さんが考察を進めていったのだろう。それにしても、現在の目から見れば常識とはいえ、当時の日本では両生類に関する知見は、まだ一般には知られていなかった。その頃よく読まれていた一八七八年の『具氏博物学』では、脊椎動物の中に両生類を含めていない。それどころか、熊楠さんの『動物学』と同時期の一八八〇年九月に刊行された『百科全書・動物綱目』や、三年後の一八八三年五月刊の『応用動物学』といった教科書でさえ、キュヴィエの分類をそのまま使っていて、両生類については無視しているありさまだ。

このように中学時代に驚くほど進んだ熊楠さんの生物学の理解を、いちばんよく示しているのは、やはり最後の第四稿だ。この稿は、哺乳類のような目立つ動物だけではなく、特に原始的な無脊椎動物を細かく紹介していることが大きな特徴だ。第一大部「有脊髄動物」第一小界「有脊動物」に続く第二大部「無脊髄動物」は全体の半分以上を占めていて、節足動物である昆虫から始まり単細胞生物のプロトゾアにいたるまで、かなり専門的な分類によってそれぞれの項目が書かれている。やや煩雑になるけれど、目次だけでも掲載しておこう。

○第二小界「環状動物」

○第一小部「節脚動物」：第一綱「分体類」、第二綱「多足類」、第三綱「蟠蜍類（アラクニダ）」、第四綱「介甲類」

○第二小部「無脚動物」：第一綱「毛鰓類」、第二綱「鐶体類」、第三綱「橋状類」、

○第三小界「鐶体類似動物」：第一綱「裸体類（スコレシダ）」、第二綱「猬状類（イキノダルマタ）」

○第四小界「柔軟動物（モラスコイダ）」：第一綱「頭脚類（エルロポタ）」、第二綱「翅脚類（テロポタ）」、第三綱「腹脚類」、第四綱「平腮類（ラメリブランキヤタ）」

○第五小界「柔軟様動物」：第一綱「腕脚類」、第二綱「外套類（チュニカタ）」、第三綱「多虫類（ポリゾア）」」

○第六小界「空腸動物（セトニテラタ）」：第一綱「多肢類」、第二綱「水蛇類（ハイドロゾア）」

○第七小界「原虫（プトロ《（ママ）》ゾア）」：第一綱「湿生類（イニシュソリア）」、第二綱「根脚類」、第三綱「群生類」

こうして『動物学』第四稿にいたって、当時判明していた動物の世界の全体像を記述しようとした熊楠さんだけれど、その分類は何によっていたのだろう。実は第四稿には「分類法」という項目があり、どのように分けたか簡潔に記されている。それによれば、まずJ・B・ラマルクが「有脊髄動物」と「無脊髄動物」を分けたこと、次にキュヴィエが「柔軟動物」「多節動物」「多肢動物」の三部に分けた後、顕微鏡発明以後に発見された多くの微少な動物を含む「原始動物」という新たな一部を立てたことが語られている。しかし、その後ハクスリーが七つの「小界」に分け、その下に「綱」を作った。『動物学』第四稿での分類はこれによったことが、はっきりと記されている。

ここまで見てきて、和歌山中学時代の熊楠さんの生物学の理解が、いかに本格的なものであるかがわかっていただけたかと思う。が、たぶんとても重要なツッコミが入るのではないだろうか。それで「進化論」についてはどうなのか？

実は進化論に関しては、熊楠さんの『動物学』にはまったく登場しない。それもそのはずで、一八五九年に英国のチャールズ・ダーウィンが『種の起源』で説いた生物種の自然選択説、通称「進化論」は、まだ日本には紹介されていなかった。進化論が日本にきちんと導入されたのは、一八七七年にアメリカからシャミセンガイの調査に訪れたE・S・モースが、できたばかりの東京大学にお雇い外国人として招かれて講義したのが最初だとされている。猛烈なダーウィン擁護派だったハクスリーの著書も、進化論に関するものが初めて翻訳されるのは一八七九年のことだ。

では、熊楠さんが進化論について知ったのはいつかということになるが、おそらく、一八八三年三月に和歌山中学を卒業して、進学のために東京に出てから後のことだろう。これは、東京大学教授に就任後、一度アメリカに帰国したモースが一八七八年四月から一八七九年九月まで再来日して講義をおこない、さらに一八八二年六月に三たび来日して一八八三年二月まで滞在して日本を去った直後のことだ。

モースの東京大学での進化論の講義録は、彼の通訳を務めた石川千代松《いしかわちよまつ》がまとめて、一八八三年四月二十八日に『動物進化論』として出版された。そして、この時すでに東京の共立学校で学んでいた十五歳の熊楠さんは、さっそくこの本を購入することになる。東京時代の熊楠さんの蔵書目録には、「明治十六年五月八日購収」と記されているから、実に発売の十日後には手に入れていたことがわかる。

熊楠さんがこの時に買った『動物進化論』の初版は今でも南方熊楠顕彰館に残されていて、そちらにも「明治十六年五月購収」と書き込まれている。この後、一八八五年三月三十一日の日記には「午後に野尻貞一君が来て、先日貸した『動物進化論』を返してくれた」と記されているから、その頃までにはかなり読み込んでいたはずだ。またこの本には、動物の保護色を論じた部分に貼り紙があり、熊楠さんによるコノハムシのスケッチがある。

では、「米国博士　エドワルド、エス、モールス口述　理学士　石川千代松筆記」による『動物進化論』とは、どのような内容のものなのだろうか。第一回の「事物の真理を講究し宗教の説を準とすべからず」と題された冒頭の文章を読むと、「森羅万象、無数の事物を講究する」ためには、論理を重んじて真理を吟味し、事実と比較した上でその結果と照合しなければならない。それなのに「宗教家のごとく事物の解し難きものに逢えば、これ天帝の所為なり、これ天神の賞罰なりと言いならいて、その理を考究せず、単に神力の不可思議に托委して、空説を主唱するの理あらんや」とあって、宗教、特にキリスト教に対して批判的に挑発している。

ダーウィンによる『種の起源』の発表以降、天地創造により作られた生物が不変のものであるとするキリスト教の教義と、生物種は長い期間にわたって自然に変化し、それが現在の種を作ってきたとする進化論者との間の激しい論争が起こった。キリスト教に対する一般的な反発も根強かった日本では、こうした論争は西洋の文化が必ずしも常に優位にあるわけではないことを示す格好の材料としてとらえられた。モースはそのような日本人の反応も知っていて、進化論導入のための方便として、キリスト教などの宗教の頑迷なことを話の枕としている。

第二回の「動物種類変化の原因」では、モースの話は佳境に入ってくる。これを読んでいる熊楠さんは、それまで自分が得てきた動物分類の知識が進化論の立場から整理し直されているのを見て驚いたのではないだろうか。モースはまず、「有脊動物」「関節動物」「軟体動物」「射線動物」に分ける従来の分類法について紹介する。

その上で、「これすなわち有名なるキウビィエ氏が動物分科の概略なり。氏がかくのごとく分ちたる動物は、各自、瞭然たる置位を有するものと思考すれば、有脊、関節、軟体、射線の四小会はみな併行するものとなせり」とする。つまり、キュヴィエの分け方では、この四つの分類（現在の日本語の分け方では「門」）は、高等・下等の別はあっても、同時に並列的に存在するものとみなされていた、という意味だ。

しかし、とモースは論を続ける。このような四つの枠組みに全動物を分けることは不可能である。そこでその後の生物学者はさらに細かく生物の分類をおこなう作業を続けていった。その結果発見したこととして「方今に至りては、動物有中いくばくの小会、綱目類属等を建つるといえども、みな併行せずして相互に輻湊するの傾向あるものとす。すなわち左図のごとし」とモースは結論づける。つまりそれぞれの分野は「併行」しているのではなく、一点に集まる「輻湊」の傾向がある、として図を提示する(図4-3)。

もちろんモースが言いたいことは、こうした分化が長い時間の中で生物種の進化として起きてきたという点だ。その原理についてはこの後「形質遺伝の説」「動物の数、大変易なきの理」などとして説明されるが、この表を見ただけでも論理の道筋は何となく感得することができる。

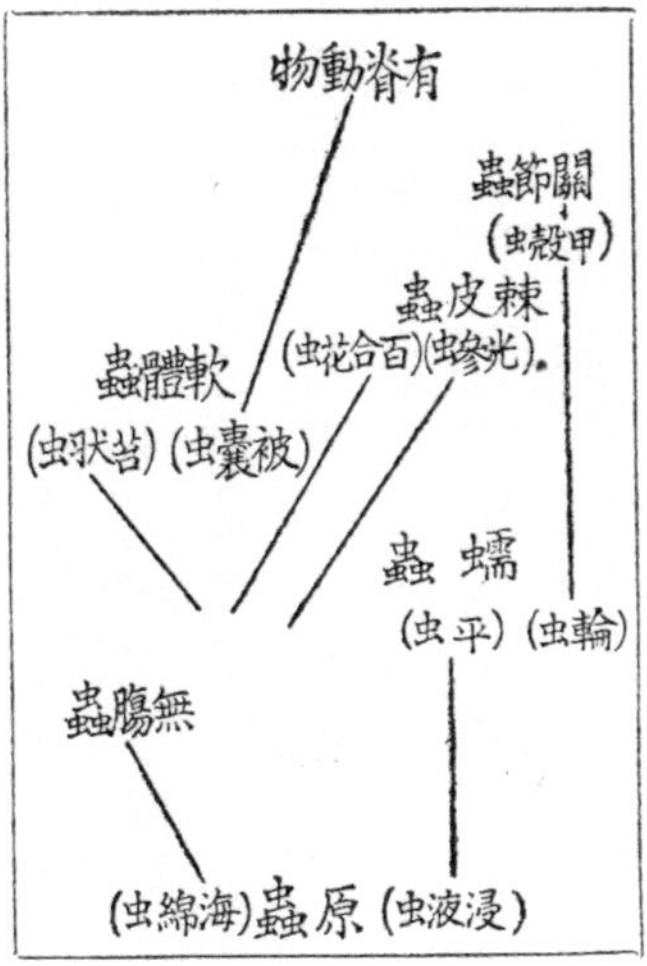

図 4-3 『動物進化論』中の図(『石川千代松全集』1 巻 12 頁)

このとき、熊楠さんはこれを見て「あっ」と叫んだのではないだろうか。『動物学』の中で、あれほど細かく生物の分類法を書き込んでいた熊楠さんにとって、このモースによる進化論の説明が衝撃を与えたことは想像に難くない。『動物学』第四稿で何百もの無脊椎動物の種類を、次から次へと平面的に「併行」して書き並べていた熊楠さんは、それらの生物が一気に時間軸の変化の中に立体的に配置し直される光景を、この図の中に見て取ったことだろう。

『動物学』において十九世紀前半の西洋の生物分類学の体系を懸命に取り入れようとしていた熊楠さんは、ダーウィン進化論によってその体系が新たに再編されたことの重要性を体感することができた。熊楠さんにとっては、近代生物学の最大の転換点であったダーウィンによる科学革命は、十三歳から十五〜十六歳の数年間のうちに、自分の目の前でリアルタイムで起きた事件だった。

少年期に体験したこの進化論による「パラダイム転換」は、生涯を通じて熊楠さんの学問的探究の中心となり続けた。そのことは、青年期以降の熊楠さんが「今日では西洋の学が世界の正学であって、進化論が西洋の学論の根底だ」という認識を何度も示していることからも明らかだ。

ボクの考えでは、科学の原則と言っても、たかだか三十年くらい前にダーウィンが自然淘汰の実証を挙げてからのことだ。それからスペンサーなんて人が、宇宙の事物はぜんぶ「輪廻」によって変化したり、継続したり消えたりするということを述べたことで、きちんと定まったんだ思うよ。

（『全集』七巻、一五八頁）

この言葉は、熊楠さんがロンドンにいた一八九三年に記されたものだから、「三十年前後」というのは、一八五九年の『種の起源』刊行とその後の論争を指すと考えられる。明治期の日本において西洋の学問は絶対的な規範となったが、実は西洋においても科学的な理論はダーウィン革命以降に確立された部分が大きいというのが熊楠さんの認識だった。

さらに熊楠さんは、ロンドンから帰国後、田辺に定住した時期にも、ダーウィン進化論の影響について語っている。一九一一(明治四十四)年十月二十五日付けの柳田国男あての手紙では、次のように自分の学問の根底には、ダーウィンによって変革された生物学の考え方があると述べている。

ダーウィンが世に出てから、学問という学問は、みんな生物学の心得、科学の心得がなくてはならない時代となった。科学の心得がないと、議論がどれだけ上手くても、土台の部分では他人の説の受け売りになってしまう。ボクはさいわい、多少生物学に身を入れて、科学のことも心得たので、西洋人の権威の説だからと言って、むやみに受け売りをしたり、買いかぶったりしなくてもすむだけの心づもりを持つことができた。

(『全集』八巻、二一一頁)

この時、四十四歳の熊楠さんはすでに『ネイチャー』や『N&Q』といった雑誌に英文論考を数多く発表していた。また、土宜法龍あての手紙の中などで、自らの新たな学問構想を語っていた。さらに、神社合祀反対運動の中で、生態学という概念を導入した自然保護活動を繰り広げてもいた。

そうした中で「西人と理を争う」、つまりヨーロッパの学問と正面から取り組んで自説を主張してきたという思いを伝えるために、熊楠さんは進化論を持ち出してきた。熊楠さんはここで、自分の言説を支える学問的な出発点として、ダーウィンによる科学革命を位置づけている。そのように熊楠さんがダーウィンの説を生物学だけでなく近代学問の全体を変えたものとして認識し続けた背景には、和歌山中学から東京大学予備門へと進学した中で、自分が体験した生物に関する考え方の、めまぐるしい変化から受けた衝撃があった。

5 新時代の上野で動物園と博物館に通う

さて、少年時代に動植物の図鑑をこよなく愛した熊楠さんは、実際の生きものにはどのように接することになったのだろうか。

まず、種々の植物の他に、昆虫や小動物については子どもの頃から直接に観察する機会も多かったはずだ。中学時代までを過ごした故郷の和歌山は、気候は温暖で、海にも山にも近い自然の豊かな場所である。熊楠さんは「課余随筆」という名のノートの中で、もっとも初期の頃の記憶として、次のようなできごとを語っている。「明治二十七年八月二十四日書始る」という書き出しがあるから、二十七歳の時に、ロンドンでふと思い出したのだろう。

ボクが四歳か五歳くらいの時に、和歌浦に遊びに行ったことがある。砂の上にカニの甲羅があったのと、水中にトビハゼがいたことを今でも記憶している。海外に来てから七年余りも思い出さなかったのに、今夜、またこの記憶を思い出した。妙なことだね。その時よっぽど不思議に思ったのかな。

(『熊楠研究』第五巻、二〇三頁)

さらに中学校の在学時の日記などには、海辺でカニやヒトデ、ウニを観察したり、山中で昆虫を集めたりしたことが記録されている。知人と一緒にマダラヘビをアルコール漬けにしたなどという記述もある。

十五歳で東京に出てからも、熊楠さんはさまざまな機会に生物の観察にいそしんだ。たとえば、大学予備門在学中の一八八五年、十七歳の時の記録として、春休みに江ノ島に一人で旅行して岩場で海辺の生きものの観察をおこなったことを書き留めた文章がある。前章で見たように、日本に進化論を伝えたモースを尊敬していた熊楠さんは、その日本での主たる採集場所であった江ノ島に自分でも行ってみたいという思いが強かったのだろう。四月初旬の雨上がりの日、嬉々として岩場で海の生きものを探し回っている様子が印象的な文章だ。

この辺では、ところどころでショウジンガニを見る。ユスリ蚊の幼虫より少し大きい程度で、砂の中に群生し、くねくね動きながら餌をあさっている。イソギンチャクも多い。その一種の腕の形は、あたかも羽毛のようで、褐色でたいへん美しいものがある。またアメフラシも多い。ヒラツノガニが多くて、みんな背中の上にアオゴケが生えていて、アオゴケの中に棲んでいるようだ。見つけるのがとっても難しいし、ほとんどは足が一本か二本欠けているんだ。そこであちこち探し回って、足が全部揃ったものをやっと取ることができた。

（『全集』十巻、一三頁）

海辺の生きものの生態の細部に関しての鋭い観察眼が感じられる。甲殻類である二種の蟹の他、イソギンチャクやアメフラシのような生き物の動きが、実に鮮やかに描き出されている。十七歳の熊楠さんが、生物の世界をどのように楽しんでいたのかがよくわかる文章だ。また、江ノ島では、熊楠さんはエビ、カニ、貝類だけでなく、カイメン、ウミユリ、ヒトデなども実際に購入して集めている。こうした「無脊椎動物」は、十三歳の時の「動物学」第四稿で研究したものを、実地に確認していたという面もあるだろう。

また熊楠さんは、この年の夏休みには、二人の友人とともに日光に出かけている。この時の熊楠さんの主な目的は高原の植物観察にあったようで、七月十二日から二十日の旅行中、毎日のように草花の名前が和名で列挙されている。ただし、南方熊楠顕彰館で植物標本の整理と研究を続けている土永知子氏によれば、この時の標本は残されていないということで、おそらく実見するだけだったのだろう。

さらに「付記」とされている部分では、菌(キノコ)と昆虫の関係についての次のような記述が見られる。

> 松の木に一種の菌〔*Polyporus volvatus* と後から書き込み〕が生えていた。裏に穴があって、そこを裂くと虫が出てきた。一つの菌に一匹の虫、あるいは四、五匹のものもあった。全身黒い色で、ゴミムシに似ている。腹は少し赤みを帯びている。
>
> (『全集』十巻、二七頁)

ここで熊楠さんが *Polyporus volvatus* と学名で書いているのは、ヒトクチタケというキノコのことだ。この十八歳のときの日光行きの少し前に、熊楠さんは菌類の研究をこころざすようになっていた。後年の文章では、予備門時代に英米での研究成果に刺激されて、自分も菌類の採集を目指したことが、次のように語られている。

菌類は、ボクが少年の頃、北米のカーティスという人が六千点を採集し、有名なバークリー(イギリス人)に送って調査してもらったということがあった。ボクはこれを聞いた時、十六〜十七歳だったけれど、何とかして七千点の日本のものを集めたいと思い立ったんだ。

(『全集』別一巻、五六頁)

ところで、「菌類」と「キノコ」とはどうちがうのだろう。現代の生物学では、キノコとは菌類の中の真菌類がつくる、大型の子実体(胞子の母体のようなもの)の総称のことだ。「菌類」という言葉を広く取ると、キノコと同じ真菌類の「カビ」や「酵母」だけでなく、この後の章で詳しく述べる「粘菌(変形菌類)」のようなものも含まれてくる。

それに対して、日本では長い間、「菌」という語は、もっぱら「キノコ」のことを指していた。この生きものは地中や樹木の中に広く菌糸を伸ばしており、地上にあらわれる種々のキノコはその生活形態の一部に過ぎない。とはいえ、熊楠さんが「菌類」として主に採集したりスケッチしたりしたのは、まさにそのキノコの部分である。だから熊楠さんが「菌類」と書いている場合には、たいていの場合はキノコのことだと考えてよさそうだ。

こうして、幼少期から動植物の観察に没頭した熊楠さんだけれど、大型の動物については、なかなか実際に目にする機会を持つことができなかった。そこで少年期から青年期にかけて、よく利用しているのが博物館と動物園だった。十代後半の東京時代、二十代前半のアメリカ放浪時代、二十代後半以降のロンドン時代などを通じて、若い頃の熊楠さんはそれぞれの国の特色ある博物館と動物園にかなりお世話になっている。

東京での生活でも、熊楠さんが足繁く通ったのが上野の博物館と動物園だ。実は、今日、上野と言えばイメージするような一大文化ゾーンは、一八七七年の教育博物館(現、国立科学博物館)の開館に始まる。その本館が竣工し、動物園を併設するかたちで本格的にオープンしたのは、熊楠さんが東京にやって来る一年前の一八八二年三月二十日のことだった。

その後、九月二十日には附属の図書館も開館する。熊楠さんの東京での最初の学校だった共立学校は神田淡路町の相生橋(現、昌平橋)近くにあって、上野までは二キロ程度の距離だ。下宿していた場所も、ほぼ神田から本郷の界隈で、三十分も歩けば不忍池まで出ることができた。

この頃の熊楠さんの生活を知るための記録としては、「備忘録」という表題の簡単な出納帳が残されている。それによると、上野の博物館が最初に登場するのは一八八三年七月二十日のことで、「四銭五厘　博物館」と記されている。当時の物価としては、白米一升が六銭五厘なので、それなりの入館料だ。十一月一日には「教育博物館目録」を三十銭で購入しているが、こちらは学生の出費としてはかなり高額なものだったろう。翌年の記録には一銭とか六厘で入館している日もあるので、割引の日とか回数券的なものがあったのかもしれない。

そして十月三日には、上野動物園に行ったことが初めて記録されている。こちらの入館料は出納帳に二銭と記されている。『上野動物園百年史——資料編』によれば、平日は一銭、日曜は二銭と決められていたらしいから、博物館よりはかなり安い。東京大学予備門に入学してからの熊楠さんは詳細な日記をつけているので詳しく動向を知ることができて、一八八五年正月から一八八六年二月に予備門を退学するまでの一年余りの間に、上野の博物館を十七回、動物園を四回訪れていることがわかる。

学生時代の熊楠さんが、あの上野動物園を闊歩していたというのはほほえましい光景だ。「うをのぞき」という名前の、日本で最初の水族館も楽しんだことだろう。ただし全体としては、おそらく動物園にはそれほど心を惹かれなかったのではないだろうか。オープンしたばかりの上野動物園の施設は、まだまだ粗末なものに過ぎなかったからだ。

この頃の上野動物園について詳しく調査した佐々木時雄氏の『動物園の歴史』によれば、動物たちが収容されていたのは「日本の在来のウマ小屋、ウシ小屋などの伝統様式を出ない、文字通りの小屋であった」という。一八八三年に海軍軍艦からカンガルーを寄贈されたり、一八八四年にオナガザルを有栖川宮から下賜されたりという記録があるものの、環境の異なる動物を長期間飼育し、展示する環境にはなかったろう。

上野動物園のコレクションは、一八八六年二月十二日時点の飼育数が「獣類十七種四十九点、鳥類五十九種百三十六点、爬虫類七種十九点、魚類八種百二十点、エビ・カニ類二種七十七点」だった。入場者数は開館した一八八二年度には二十二万二千四百五十四人だったのが、熊楠さんがしばしば訪れていた一八八五年度には、十八万七百七十三人と少し減っている。人気スポットとはいえ、一日平均では五百~六百人の入場者数だったので、それほど混雑はしていなかっただろう。

実は、上野動物園が飛躍的に発展を遂げていくのは、一八八六年二月に熊楠さんが東京大学予備門を退学し、その年の十二月に横浜からアメリカに向けて出航して以降のことだ。まず、翌一八八七年二月にトラの子の雌雄、四月にダヴィッド・ジカを獲得した。またその次の一八八八年にはシャム皇帝の贈り物として、インドゾウのつがいを得ている。さらに一八八九年七月にはヒョウ、一八九〇年八月にはシロクマを収容するなど、年々珍しい動物が増えていくことになる。

ちなみに、現在、上野動物園と言えば多くの人がイメージするようなジャイアント・パンダは、熊楠さんの時代にはほとんどその存在さえ知られていなかった。どうやらむかしの中国人はパンダにそれほど関心がなかったようで、その発見の歴史では、近代以降に中国に来た西洋人たちが大きな役割を果たした。

一八六九年にフランスの神父が四川省の民家でこの不思議なけものの毛皮を見て驚き、パリの国立自然史博物館に毛皮と骨などを送ったという。その後乱獲されたが、一九三六年にアメリカのファッション・デザイナーのハーネスが、母国に生きたパンダを持ち帰った。日本でパンダがブームになるのは、熊楠さんが亡くなって三十年後の、一九七二年の日中国交回復を待つしかない。

ともかく、熊楠さんが学生時代には、上野動物園は今のような充実した動物を揃えていたわけではなかった。だから、予備門をサボって(?)上野に日参していたこの頃の熊楠さんのお目当ては、どちらかと言えば動物園ではなくて、博物館の方だったのではないだろうか。前述したこの期間の日記に見られるような、博物館十七回、動物園四回という回数の差は、そのことを物語っているようだ。さらに日記には、「博物館」とは別に、「教育博物館」を十回訪れたことも記されている。

当時の上野の博物館の正式名称は「教育博物館」だったのだが、熊楠さんが「博物館」と書くときと「教育博物館」と書くときの違いは何だろう。これは推測だが、博物館のうちの本館の展示を見た場合には「博物館」、図書館を利用した際には、「教育博物館」と書いているのではないだろうか。図書館もまた、東京時代の熊楠さんの格好の遊び場で、ここで筆写されたノートがいくつも残されている。

いずれにしても、博物館に関しては、ひと月に一度以上の頻度で訪れていることになる。この頃の博物館本館は、歴史・美術・天産の三つの部門からなっているが、おそらく熊楠さんがもっとも関心を持ったのは天産の部だったろう。天産とは、現在の言葉にすると「博物学」とか「自然史」ということになる。記憶力のよい熊楠さんのことだから、展示品に関しては細部まで頭の中に刻み込まれたはずだ。

上野博物館の本館は一号館と呼ばれていて、鹿鳴館の設計で有名な英国人建築家のジョサイア・コンドルの手によるものだった。コンドルはロンドン大学建築学科を卒業後の一八七七年に二十二歳で来日し、すぐにこの博物館の建築を担当しているから、何とも若いマエストロだ。本館はコンドルお得意のインド・サラセン様式の小塔を戴いた二階建て煉瓦造りの本格的な西洋建築で、天産部は一階にあり、鉱物標本等とともに置かれていたようだ(図5-1)。

その天産部を充実させたのは、当時の日本の動物学を牽引していた田中芳男だった。そもそも、上野の博物館と動物園の構想そのものが、他ならぬ田中の発案である。信州の御典医の家に生まれた田中は、幼い頃から本草学、博物学に熱中した。そして江戸の蕃書調所《ばんしょしらべしょ》(江戸幕府が九段下に創立した洋楽の教育機関)に出仕して、明治維新の後には新政府のために働いた。

　田中は一八七七年に米国に出張してフィラデルフィア万博におもむき、交渉の結果、キリン、ライオン、トラ、シロクマの剥製を日本に持ち帰っていた。これらの標本は、最初は内山下町(現在の千代田区内幸町)にあった博物館に収蔵されていたが、上野の博物館の開館とともに、そちらに移されたらしい。ただ残念ながら、学生時代の熊楠さんがこれらの動物の剥製を見たかどうかはさだかではない。

図 5-1　J・コンドル筆上野博物館遠景之図(国立科学博物館 HP より)

　熊楠さんが上野の博物館で見た可能性がある標本がどのようなものだったかについて、最も確実な資料は『国立科学博物館百年史』の記述だろう。この本によれば、本館の中には、教育用器具類と博物標本が展示されていた。二階部分に置かれた博物標本は、当初は植物、動物、金石《きんせき》という順であったが、一八七九年に金石、植物、動物の順に改められたという。一八八一年までには、展示資料の名称と解説が整えられ、一階第一室〜第七室、二階第八室〜第十三室と区分して整備され、列品分類目録や案内書が刊行された。

　このうち二階中央の第十室「哺乳動物」には、まずフランス人と日本人の骨格標本と髑髏《どくろ》、さらにギニア産チンパンジー、インドネシア産オランウータン、アフリカ産オナガザル、南米産ホエザルの他、ニホンザルなどの猿類が展示されていた。続いて、コウモリ、ハリネズミ、テン、オポッサム、カンガルー、ナマケモノ、バク、アルパカ、バッファローなど世界のさまざまな地域から来た剝製が並ぶ。さらにアザラシ、オットセイ、アシカ、ジュゴン、イルカ、スナメリなどの海洋生物の剝製もあった。ただし、ライオンなど一部は骨格標本のみだったようだ。

熊楠さんは、上野博物館の常設展に関して、何を見たのか記録に残してはいない。しかし、第八室「金石類」、第九室「植物」、第十一室「鳥類」、第十二室「爬虫類」、第十三室「魚類と無脊椎動物」などの二階の他の博物学部門とともに、哺乳動物のコーナーを何度もじっくりと観察した可能性は高い。さらに、こうした常設展に加えて特別展のようなものもあったらしく、一八八五年三月二十八日の日記には次のような記事が見られる。

午前十時より上野へ行って、動物園と博物館を観てきた。フランス人のパリエー氏が寄贈した品二十五点の展示を見た。古い土壁、トカゲ、カメレオン、爬虫類が数種、ひとつがいの水蛇、蛇の皮三種、ヘビウ、鳥類六十七種、ヤマネコ、ジャコウネコ一種、オナガザル二種、バッタ、カマキリ、ワニの子ども二匹などだ。多くはインドシナ産だった。また数点はイタリア産だった。

このフランス人のパリエー氏については、これまで来歴がわかっていなかったが、おそらくフランスの政治家・軍人シャルル・マルタン・デ・パリエールのことではないだろうか。彼は一八五八年から一八六〇年にかけてベトナムのサイゴン(現、ホーチミン市)と中国浙江省の舟山市に執政官として駐在し、一八七六年に死去している。

いずれにしてもこの「パリエー」氏というフランス人が植民地の東南アジアから持って来た「品」というのは、やはり生きた動物や昆虫ではなく、剝製や標本だったはずだ。それでも熊楠さんにとっては、カメレオンやオナガザルやワニなどの、当時としては舶来の珍品で、初めて目の当たりにするものばかりだっただろう。そうした熱帯の生き物たちのようすを実感したにちがいない。

こうして上野に日参していた熊楠さんだけれど、そのツケもあって、東京大学の予備門の成績は振るわなかった。この頃の大学および予備門は、九月入学の制度を取っていて、一学年は三つの学期からなっていた。熊楠さんの成績を見てみると、一年生の二学期の試験では全百十三名中の五十九番で、かろうじて六十六名の及第者中に入っている。が、同年七月におこなわれた三学期の試験は眼病を理由として一部を欠席してしまう。

おそらくいくつかの科目は、二年次に再履修となったはずで、進級に向けてはかなり追い込まれた状況となっていただろう。それにもかかわらず、二年生一学期の十月、十一月には、学校を休んだという記録が目立っている。日記などの記録からは、この時期の熊楠さんが、学校の授業よりも学外での体験に心をそそられていたことがうかがえる。上野の博物館と動物園の他にも、大森や西ヶ原での考古学探索、小石川での植物観察、浅草に開館した水族館の見学などだ。

そして、この年の十二月の試験で、熊楠さんは落第することになってしまう。代数で不合格の点数を取ってしまったのだが、この頃の予備門は学生を振り落とすという性格が強く、毎年三分の一程度の留年が生じていた。それにしても、日記には数学の先生に天罰を加えてやる、という内容が書かれていて、よほど落胆したようだ。当時の幾何学のノートには、英語でabsurd、つまり馬鹿げているという落書きが三つも並んでいて、数学は全体に苦手だったのだろう。

結局、熊楠さんはこの落第を機に、東京大学予備門を中退してしまう。そして故郷和歌山での保養期間を経た後、一八八六年の暮れに十九歳で横浜を出航し、アメリカに向かうことになる。そして三十三歳で英国から帰国するまで、十四年間にも渡る長い海外生活を送ることになるのである。

第2部

熊楠さん、世界の森をかけめぐる

6 アメリカに向かう船上でワニについて聞く

熊楠さんが横浜港からアメリカに向かう船に乗り込んだのは、一八八六年年十二月二十二日のことだった。船はシティ・オブ・ペキン号という名前で、香港から出港していた。一八七四年にアメリカで建造された四千トン級のこの船は、姉妹船のシティ・オブ・トーキョー号とともに、当時は英国のグレート・イースタン号に次ぐ世界二位の船体規模を誇っていたという。

熊楠さんの日記によれば、日本人乗客は十六人で、密航者も一人いたらしい。中国人は百五十人ほど乗っていたが、以前は千人もいた、と聞かされたようだ。シティ・オブ・ペキン号の最大乗船定員は千四百人で、一等船室が百二十人、二等船室二百五十人、三等船室千人となっている(図6-1)。

この船で熊楠さんは、やっぱり他の日本人や中国人とともにスティレージ(操舵室)とも呼ばれた三等船室に乗っていたのではないだろうか。だとすると、そこは船底のような感じで、あまり快適な船旅というわけにはいかなかっただろう。映画「タイタニック」などを見ると想像できるが、三等船室に乗る移民たちは、ふつうは一等、二等の船室の中・上流階級の客とは別の世界にいるようなもので、顔を合わせることもなかったはずである。

この頃の中国人の乗客数が、最盛期の千人から百五十人に減少した背景には、一八八二年に成立した排華移民法がある。十九世紀の半ばにアメリカ大陸を横断する鉄道の建設やカリフォルニアのゴールド・ラッシュのために大量の労働者が必要とされ、主に広州あたりから多くの中国人が渡米した。しかし、アメリカで横行していたヨーロッパ系移民からの人種差別の結果として排斥運動が起き、受け入れをストップしたのだった。

当時の中国人がアメリカでひどい差別を受けていたことは、学生時代の熊楠さんが愛読した東海散士の『佳人之奇遇』(一八八五年初篇)などでも記されている。熊楠さんは日本人、また東洋人としてこれに大いに憤りを感じていたようだ。後に中国の科学や文化を題材にした論文を英国で発表した際には、「東洋人のために気を吐くのだ」と言っているけれど、こうした事情も背景となっていたのだろう。熊楠さんは子どもの頃から本草学・博物学を中心とする漢字圏の文化を学んできた人だから、その文明の母国である中国への憧憬の気持ちは強かったと思われる。

図 6-1 シティ・オブ・ペキン号

そして十九歳の熊楠さんは、太平洋上の二週間の船旅の途中、初めて出会った本物の中国人たちと交流することになる。中国人たちの多くは、清国の支配の下で、満州族の風習である弁髪をしていたはずだ。そんな中でも漢民族としての伝統文化も受け継いでいて、船上でもその一端がかいま見られたようだ。熊楠さんの船中日記には「中国人が木琴のようなものを竹で叩いている。とても美しい音だ。弓は月琴と似ていて、針金を弦にしているが、四十二本ある」というような描写もある。

幼い頃から漢文を得意としていた熊楠さんのことである。話し言葉では通じなくても、筆談を使えばほぼ完全に意思疎通をすることができた。日記にはそのような筆談による対話の内容が、かなり詳細に残されている。まず「中国でいちばん尊敬されているのは誰ですか」という質問に対して、「関羽、孔子、観世音、華光、洪聖」という答えが返ってきたようだ。「三国志」の英雄の関羽、儒教の開祖の孔子、仏教の観音菩薩と続いて、華光大帝と洪聖大王は中国の南部で信仰された神さまのことだ。

その後、熊楠さんは、さまざまな動物名の中国語での発音について尋ねている。日記には、「蚯蚓《ヤウイン》　雞《カイエ》　鴨《アー》　雀《チヨワ》　燕《イン》　蛙《ウワー》　雁《ガン》　蝴《ウー》　蝶《テウ》　虫蝟《チヨングメー》」と書いてある。それぞれ、ミミズ、ニワトリ、カモ、スズメ、ツバメ、カエル、カリ、チョウチョウ、毛虫のことと思われるが、ここに記された発音は中国語の標準語ではない。

実は、香港から乗り込んできていた中国人乗客のほとんどは広東人だった。広東語は北京の言葉を元にした標準中国語とは発音が大いに異なっていて、聞いただけだとほとんど別の言語のようである。熊楠さんもそのことはよくわかっていたはずで、それでも広東語での呼称を知りたかったのだろう。後に熊楠さんはロンドンで中国の革命指導者の孫文と出会うことになるが、たぶん広東出身の孫文にも、この時の知識を披露したことと思われる。

その後、熊楠さんは「広東客の陳靄於(チャンアイエー)に聞いてみた」と日記に記していて、広東人に聞くのだ、という気持ちが強かったことがわかる。この時の質問は「あなたの故郷ではどんな果物が採れますか」というもので、「黄皮、龍眼、茘枝」という答えを得ている。それぞれ、ワンピ、リュウガン、ライチーとして、現在の日本では、デパートのくだもの屋にでも行けば時々は出ているようなものだけれど、当時、ほとんどの日本人が見たことはない南洋の果物だったはずだ。

さらにこの後も、熊楠さんはお互いの茶や酒を交換しながら、中国人たちとの交流を続けた。そして、動植物・昆虫などの名前の広東語の呼称を尋ねてはメモしている。せっかくだから、すべて列挙しておこう。

ガザミ(蟛蜞《パンケー》) 蟹《ハイ》 蜂蜜《ホングマツ》 蜘蛛《チーチユー》 蠄螺《カムロー》 鱔《シイ》 猫《マウ》 狼《ロン》 狐《ウ》 狸《リー》 猿《イエン》 蝦《ハー》 蛇《シエ》 蝙蝠《ベンフ》 鳳凰《フヲンオン》 龍《ロン》 菊《コ》 茉莉《モリ》 牡丹《マウタン》 西瓜《スイクワ》 甜瓜《テカ》 芭蕉《バーチユー》 ヤドカリ(産上海) 咸水螺《ハムシユイロー》、イカ(尤魚《ヤウイユー》)、蟑魚《チユンイユー》 サナダムシ屎虫《シーチヨン》。カマキリ(馬螂蜋《マロンコン》)、ハタハタ(草蜢《チヨウマン》)、沙牛《シヤーガウ》、飛魚《フイーギユー》、フグ(炮歌魚)。百独《パツチヨ》、鱟《ハウ》、土九《トウカウ》(ケラ)、運地狗、塩蛇《イムシエ》(ヤモリ)、土鼈《トツピー》(フナトリムシ)、蛍火《エンフヲー》、臭監婆《チユーカムボー》(ハナムグリ)、水蠄蟧《シユイカムロー》(水馬)、狗《カウ》。

イカのところに「これは日本から中国に渡った」とか、蟑魚《チユンイユー》(タコのことか)のところに「これは乾燥させて後で湯に戻すとそのスープがおいしい」などと注釈が付いている。

こうした太平洋の船上での博物学に関するやりとりの中でも、興味深いのがワニに関する問答だ。この時の熊楠さんの関心は、後のさらなる探究につながってくるものなので、ちょっと詳しく見ておきたいと思う。

熊楠さんの日記によれば、まず「鱷」という字を書いて意味を聞いてみたところ、広東語では「ゴ」と読むと教えてくれた。「鱷」は「鰐」の異体字で、ワニのことを指す。この時熊楠さんは、中国、特に広東のワニに興味を持って、この質問をしたはずだ。

さらに聞かれた広東人は、「自分は実物を見たことがないが、韓文公はこれを海に追い払った」と、唐の時代、八〜九世紀にかけて活躍した詩人の韓愈《かんゆ》の「鰐魚文《がくぎょぶん》」を紹介した。これは、韓愈が五十二歳の時に、皇帝の不興を買って左遷され、地方官として赴任した潮州(広東省東北部沿岸)で、人々のために祝文を挙げてワニを海へと追い払ったという逸話のことを指している。韓愈のことは熊楠さんも知っていて、「雪は藍関を擁し」と左遷されて潮州に向かう途中の藍田の関で大雪に遭ったという詩の一節を書いて見せた。すると広東人は、熊楠さんの学識に大いに感心したようだ。

韓愈の「鰐魚文」は『唐書』に見えるが、ワニに対して人畜に危害を加えず去るように詩で呼びかけるという、一風変わったものだ。中国文学者の谷口匡氏は、この「鱷魚」は人智を超えた怪物として、恐ろしい霊力を持つ、神怪に近しい存在として意識されていたのではないかとしている。後世の伝説によると、潮陽《ちょうよう》の太守に左遷された韓愈は、池のほとりにいけにえと甘酒を供えて、「お前は魚類である、人間を困らせないように」と祈った。その夕方に暴風が起こり、翌日になると池の水がみな涸《か》れていた。調べさせると池の西に池ができ、鰐魚はそこへ移っていたという。

この韓愈の故事からは、当時の中国にワニがいたことがわかるけれど、実際にはどんな種類のものだったのだろうか。実は、ワニと言ってもいくつか分類があって、大きく分けてクロコダイルとアリゲーターがいる。クロコダイルは大型で獰猛で、よく人や家畜を襲う。これに対してアリゲーターは、やや小型で鼻先が丸みを帯びていて、人を襲うことはほとんどないと言う。ただし映像や写真で見る限り、すがた形はよく似ていて、素人目ではなかなか区別ができない(図6-2)。

熊楠さんは、中国のワニはすべてクロコダイルだと思っていたようだけれど、その後、ロンドンの自然史博物館で、アリゲーターもいることを教えられた。そのことを、後に「支那の鰐魚について」(一九二四)という論文で次のように書いている。

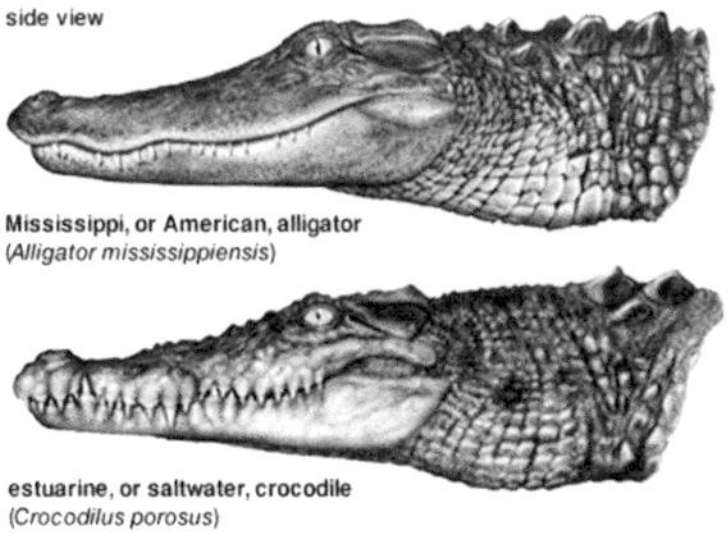

図6-2 アリゲーター(上)とクロコダイル(下)©2006 Encyclopædia Britannica, Inc.

> ウェブスターの辞書なんかには、アリゲーターは西半球、クロコダイルは東半球にかぎって生きているように書いていて、ボクもそんなふうに思っていたんだ。大英博物館の爬虫類の部屋には、アリゲーターを中国産と記しているので、これは間違いではないかと、念のために館員に訊いたら、「待ってました」という感じで答えてくれた。「いや以前はみんなそう思っていたんですがね、中国の古い本にはどうやら中国中部に「鰐魚」つまりワニという記述が多いのですよ。そこでなんとか調査した結果、揚子江にアリゲーターがいるのを発見したんです」とのことだった。
>
> (『全集』六巻、三〇〇頁)

この時、熊楠さんに教えてくれた館員とは、ロンドン時代に交流のあった古生物学者のフランシス・バサーで、彼の所属していた自然史博物館は、まだこの頃は大英博物館の附属施設だった。だから、熊楠さんはここで「大英博物館」と書いているけど、実はエジプトなどの古代遺跡で有名なあの本館ではなく、サウス・ケンジントンにあって恐竜の骨などを主に展示している自然史博物館の方ということになる。ここは、当時から今に至るまで、あちこち動物標本だらけだから、爬虫類室に中国産のワニがあってもまったく不思議はないだろう。

中国のワニについては、どう見てもワニとしか思われないような外見の生きもののことをマルコ・ポーロが書いているから、西洋人もまったく知らなかったわけではない。しかし、揚子江のワニについては、近代に入ってから英国の外交官ロバート・スウィンホーが一八六九年に記録したのが初めてのようだ。その後、フランスの博物学者A＝A・フォーヴェルが一八七九年にアリガトル・シネンシス(中国のアリゲーターの意味)という学名をつけた。一般的には、揚子江に住んでいるからというのでヨウスコウ・アリゲーターと呼ばれることが多い。ここでは、わかりやすく「揚子江ワニ」と表記しておこう。

ただし、揚子江ワニはめったに人を襲わないし、そもそも潮州のある広東省は揚子江からはかなり離れている。だから韓愈の話はやはり兇暴なクロコダイルの方なのではないか、と熊楠さんは考えていた。韓愈の話の他にも、熊楠さんは、潮州で水を汲みに行った母と子がワニの尾で撃ち殺されたため、これを捕らえて煮て殺した話や、罪人をワニの前に放って食われなければ無罪とした話を紹介する。そして熊楠さんは、これらのできごとは中国の南海地方のことで、ワニの種類はクロコディルス・ポロスス(イリエワニ)だと断じた。

イリエワニは泳ぎが上手で、ベンガル湾からマレー半島、インドシナからニューギニア、オーストラリア北海岸まで、海流に乗って広い地域に分布している。体長が六メートルを超える個体もいて、その兇暴さで知られている。太平洋戦争中のラムリー島の戦いの際には多くの日本兵がイリエワニの犠牲になったとされ、また近年でも人が食われたという話が絶えない。だから、中国の史書にあらわれる「鰐」とは、イリエワニのことだろうとする熊楠さんの見方には一理ある。

熊楠さんが中国のワニにこだわっていた一つの理由は、龍との関連性にあったようだ。そう、中国だけでなく日本などの他の漢字圏でも伝説上の神のような生き物として崇敬を集める、あの龍だ。第1部で見たように、和漢の古い図鑑には、何種類もの龍が掲載されていて、最もよく知られた空想上の動物と言ってよいだろう。

そもそも「竜」と「龍」という二つの漢字があって、どちらが古いのかということについても論争がある。これは、自分の名前だけに、筆者もむかしから関心を持っているのだけれど、甲骨文字としては「竜」の方に近い。が「龍」の方がいかめしいこともあって、こちらがもともとの字だと考えている人も多いようだ。まあ、そこは本題ではないので、とりあえず引き分けということにしておきたい。

重要なのは、龍が想像上の動物としては唯一、十二支の中に入っていることだ。そこで、熊楠さんは「十二支考」の中の第三作として、一九一六年の辰年に「田原藤太竜宮入りの譚」という題で、龍に関する話を三回に分けて『太陽』に掲載した。

その中で熊楠さんは「竜の起源と発達」という章を設けて、どのような実在の動物からこんな空想が生まれたのか、ということについて詳しく推測している。まずヘビから龍が生じたという議論があるが、熊楠さんはこれには否定的である。ただし、コブラについては、ヘビの中でも特別視されたのではないか、という見解を示している。

龍の特徴としては、何と言ってもヘビとは異なり脚があることが挙げられる。そこで熊楠さんは、脚のある爬虫類としてトカゲを候補として挙げる。特にアフリカからオーストラリアまでの南洋に生息するオオトカゲは、龍のモデル候補となるだろう。西洋の龍が火を吹くところは、口からチロチロと舌を出すオオトカゲのイメージがあるのではないかと言われている。

その次に熊楠さんが目を付けているのがワニである。中国の古典には、蛟《みずち》という獰猛な生き物が、河を渡る船を襲ったという記述がしばしば現れると、熊楠さんは指摘する。そこで勇者が蛟と戦い、剣で斬り殺したという話もけっこうあるそうだ。この蛟とはワニのことだと、熊楠さんは次のように喝破している。

これらはどれも大河に棲んでいて、よほど大きな爬虫類のようだから、ワニのことだろう。中国のワニは、今はアリガトル・シネンシス(揚子江ワニ)とクロコディルス・ポロスス(イリエワニ)の二種が知られているけれど、地方によっては多少の変種もありそうだ。また、古い時代にはいたけれど、今は絶滅した種もいるだろう。それを「鼉竜」とか「蛟竜」とか「鱷」とか、漢字を分けて名付けていたけれど、だんだんと種類も減ってきた。そこで、もともと荒唐無稽だった竜や蛟の話が、ますます誇張されて混乱してしまったんだろうね。

(『全集』一巻、一三二頁)

龍とワニに関する熊楠さんのこの解釈は、短いながらも実に含蓄に富んでいる。と言うのは、ワニこそが中国の龍のモデルだったという見方は、現在、最新の学説として特に脚光を浴びているものだからだ。そして熊楠さんがズバリと指摘するように、そのモデルとは、絶滅してしまった種族のワニである可能性が高いとされている。

ワニ類を中心にした爬虫両生類学が専門の青木良輔氏は二〇〇一年刊行の著書『ワニと龍』の中で、前漢時代(紀元前二〇六〜八)に「蛟」と呼ばれていたワニは、その後絶滅したという説を唱えた。そして、西周時代(紀元前一一〇〇頃〜七七一)にこのワニを指した言葉こそが「龍」だったとしている。その後の寒冷期にこのワニが生息していた漢水が氷結したために、「龍」は伝説の動物と化したと、青木氏は推論した。

最近になって、二〇二二年三月に名古屋大学博物館と東京大学総合研究博物館は共同で、中国の機関とも協力した研究の成果として、「中国広東省で有史以降に人為的に絶滅した大型ワニを報告」という発表をおこなった。これは、五十万年前〜三十万年前の日本の地層から出土しているマチカネワニという絶滅種の近縁で、全長は六メートル以上に達するという。

ちなみに日本でも昔はこのクロコダイルの一種のマチカネワニやアリゲーターである揚子江ワニの近縁種がいたが、歴史文書が書かれる頃になるとまったくいなくなってしまった。そこで、やはり海から獲物を狙う兇暴な肉食生物であるフカやサメのことを、「ワニ」と呼ぶようになった。

さて、すでに読者にはおわかりのことと思うが、この中国での大型ワニ発見の報告の大事なところ

図 6-3 ハンユスクス・シネンシスの復元図.
©2022 Masaya Iijima and Hikaru Amemiya

は、「有史以降に人為的に絶滅した」という部分にある。つまり、ワニといえども人口が増えた人間にはかなわず、狩り尽くされたり、追い払われたりしたということだ。そして有史以降だから、歴史の中にその記録が残っている。すなわち、九世紀に韓愈が「鰐魚文」の中で呼びかけていたのはこのワニだったのでは、というアイデアがすぐに浮かぶ。

今回発見した研究チームもそのように考えたようで、学名は「ハンユスクス・シネンシス」と名付けられることとなった(図6-3)。「シネンシス」は「中国の」という意味だが、「ハンユスクス」というのは韓愈(ハンユ)から名前を取ったものだ。中国語名だと「中華韓愈鰐」となる。公式発表から、このハンユスクスの発見の意義を説明した部分を引用しておくことにしよう。

> 今回、中国広東省の青銅器時代のワニの標本を調査したところ、かつて爬虫類学者・青木良輔氏が提唱したように、マチカネワニに近縁な大型種が有史以降まで生延びたこと、ワニ類の形態進化の間隙を埋める中間種(移行種)であること、古代広東人と共存し、人為的に絶滅した可能性が高いことが分かりました。本研究の成果により、長年議論が続いたワニ類の分類問題の解決や、完新世の爬虫類メガフォーナの絶滅要因について理解が深まることが期待されます。
>
> (東京大学総合研究博物館ＨＰ)

ワニ類やその他の大型の爬虫類の進化の過程にはまだまだ未知の部分が多いようで、このハンユスクスの発見は、そうした方面の解明に関しても期待されているようだ。

と言うことで、一八八六年末の太平洋上での熊楠さんと広東人乗客の会話から、こんな最新の発見にまでたどり着くことになった。熊楠さん自身は、自然史博物館で当時の爬虫類学の大家のジョージ・ブーランジェにアリゲーターとクロコダイルの細かい違いについて聞いたりしているものの、結局は『エンサイクロペディア・ブリタニカ』の記述について、「専門家ではないボクがちょっと読んだくらいでは、よくわからない」と投げ出している。だから、特に専門的にこのことを研究しようとしていたわけではない。

とは言え熊楠さんは、ワニについて他にもいろいろなアイデアを示している。たとえば、インドのガリアルという神さまで、日本では金比羅神として信仰されているものが、細いサヨリのようなくちばしを持っていることなどだ。つまり、このインドの神さまの元は、細いくちばし状のあごを持つカイマンという種類のワニだ、と言いたいのだろう。

ともかく、十九歳の広東人との対話から、四十九歳の「十二支考」龍の回や、五十七歳の「支那の鰐魚について」での論考に展開していく熊楠さんの考え方のみちすじは、とてもセンスがいいと言えるのではないかな。

熊楠さんは「十二支考」の中では、龍の起源について、さらに雷などの天象との関係や、恐竜の化石が与えた影響についても書いている。この人は、そうした自然環境と人間の文化の複雑な絡み合いを解きほぐしていきたいと、常に考えていた。

生きものの世界の多様性と、人間の文化の多様性と、その両方をとらえようとしたところに、熊楠さんの考え方のすばらしさがある。

7
サンフランシスコでニワトリの鳴き声に悩まされる

熊楠さんが太平洋を越えてサンフランシスコの港に着いたのは、年が明けて一八八七年一月八日のことだ。日本人ばかり十三人が集まって馬車に相乗りして市内に入り、コスモポリタンホテルという、海外で初めての宿に泊まった。周りの雰囲気は集合住宅が並ぶアメリカ西海岸の下町、といったところだけれど、ホテルはいちおうエレベーター付きの地上四階地下二階建てで、当時としてはそれなりに立派な建物だ。当時の日本の旅行案内書にも書かれているホテルだから、たぶん到着前から目星を付けていたのだろう。

熊楠さんがこの後下宿するのは目抜き通りのマーケット・ストリートから二、三本逸れた、路地が連なる裏通りという雰囲気のところだった。このあたりには日本からやってきてたむろしている若者も多く、福音会というキリスト教を学ぶ団体を作って、日本食での会合や講演会をやっていた。ここからは熊楠さんが通うことになるパシフィック・ビジネス・カレッジという学校もそう遠くないところにあった。基本的には、熊楠さんは到着の日から八月はじめにサンフランシスコを去るまで、約二キロ四方の狭い界隈で生活していたことになる。

着いた翌日の一月九日には、熊楠さんは早くも友人たちとチャイナタウンに繰り出していることが

図7-1　熊楠のメモ帳(南方熊楠顕彰館蔵)に見られるサンフランシスコでのけんかの様子のスケッチ

日記に書かれている。ゴールデンゲート・パークにも一月十一日、一月十四日、二月十九日、三月五日、三月二十七日の五度訪れている。ここには千エーカーを超える広大なスペースにさまざまな樹木が植えられていた。三月五日に訪れた際には音楽を聞いて、それから温室を見たことが記されている。十九歳にして初めての海外体験ということで、旅行気分が抜けていないような感じもあっただろう。

そんな中で熊楠さんだけでなく、一緒に来た日本人の若者たちも興奮していたようだ。友人たちの路上でのけんかの様子を、熊楠さんはメモ帳にスケッチしている(**図7-1**)。マーケット・ストリートの路上でのことらしく、酔っ払いのように見える真ん中のアメリカ人と格闘しているのは、武田周七と竹内豊二という横浜からの同船者だ。この二人は船上でも「飲酒、乱暴す」と書かれているから、けんかっ早い連中だったのだろう。もっとも、この時の立ち回りに加わったかどうかはわからないが、熊楠さんも海外放浪中はしょっちゅうけんかをしていて、あまり誉められたものではない。

さて、到着してすぐの一月十二日の晴れた日、熊楠さんは市内のウッドワーズ・ガーデンというところに遊びに行っている。ここは一八六六年にオープンした博物館、美術館、動物園、水族館を有する総合遊園地だ(**図7-2**)。町外れのこの場所までは、熊楠さんの下宿からなら、マーケット・ストリートを走る路面電車ですぐに着いたはずだ。一月十二日の最初の訪問の後も、熊楠さんは一月十六日、一月二十二日、二月十日、三月二十日と、計五回もウッドワーズ・ガーデンに出かけているから、相当に気に入ったのだろう。

この施設は、カリフォルニアのゴールド・ラッシュの際に財産を築いたロバート・B・ウッドワードが、自宅の邸宅と庭を一般に開放したことに始まる。ウッドワードは名うてのコレクターで、日本の鉱石なども集めていた人だ。ウッドワーズ・ガーデンのようすについては、一八七六年に刊行された『カリフォルニア覚書』に概要が書かれているので、それを参考に紹介してみることにしよう。

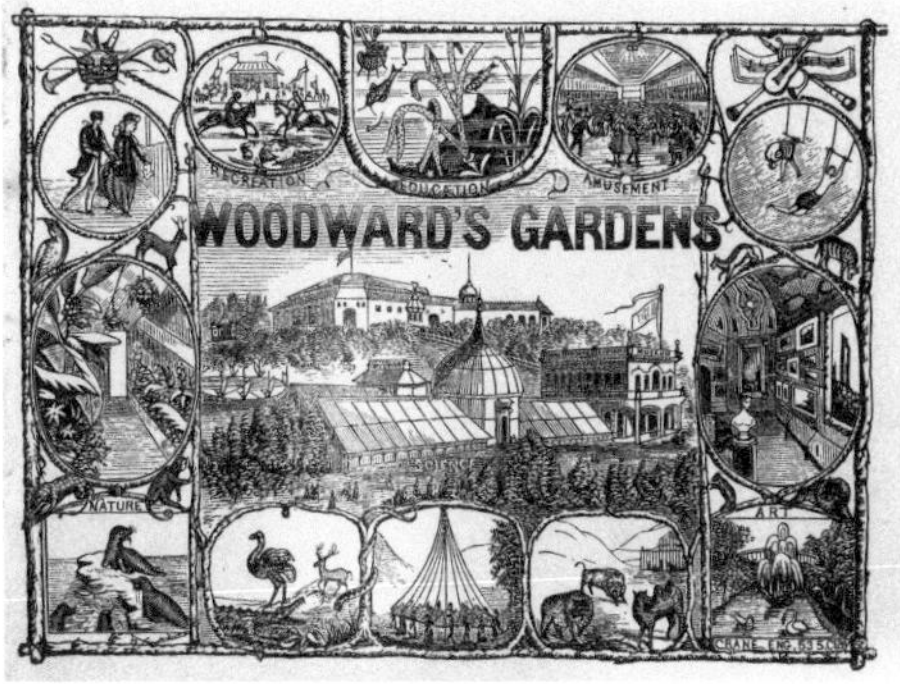

図 7-2 ウッドワーズ・ガーデンの絵はがき．woodward's gardens collection

まず二十五セントの切符を買って入場するとすぐに博物館に入ることになる。ここには世界中からのさまざまな動物標本が陳列されていて、博物学を学べるようになっている。また博物館の隣には温室があり、美しい熱帯産の花々が咲き誇っていた。そこを抜けると、数は多くないものの西洋画のコレクションを並べた部屋があった。

外に出ると、温室の側には大きな二つの池があり、その中心部は岩場になっていて、生きたアザラシやアシカが飼われていた。グリズリー（灰色熊）のための大きな穴、らくだや鹿やバッファローなどの四足獣のための園があり、さまざまな家禽類のケージを見ることができる。みどころはアメリカ国内最大の水族館である。水槽がいくつかあって、海水のものと淡水のものが分けられている。美しいカワマスが斑点のある魚影をひらめかせている。サメやエイの水槽、またロブスターやカニの水槽もあった。

実は、一八七五年に出版された『ウッドワーズ・ガーデン案内図録』には、トラ、メスライオン、ヒョウ、ジャガー、ハイエナの標本があると記されている。このうちトラに関しては、インドのベンガルから一八六七年頃に運ばれたもので、西海岸唯一という触れ込みが書いてあるが、生きて飼われていたわけではなく、剥製だ。一八六八〜六九年頃に撮影された写真では、これらの肉食獣たちの標本が並べて展示されている（**図7-3**）。

図7-3　ウッドワーズ・ガーデンの肉食獣の剥製

剥製とはいえ、熊楠さんにとっては初めて見る動物たちが多く、それなりに楽しんだのではないだろうか。図録を見ると、哺乳類の剥製は前述のもの以外にもナマケモノ、アルマジロ、アリクイ、キツネザル、シロイワヤギ、オポッサム、カンガルーなどがあった。また鳥類ではゴクラクチョウ、フラミンゴ、エミューなど。爬虫類だとニシキヘビ、クロコダイル、カメレオン、イグアナ、ウミガメなど。熊楠さんはこれらの実物の姿をまじまじと見て、目に焼き付けたにちがいない。

さて、サンフランシスコで熊楠さんが生活していた下宿の近くでは、ニワトリがたくさん飼われていたらしい。「十二支考」「鶏」の回では、「ボクがサンフランシスコに着いた時、下宿の側にはニワトリを多く飼う家があった。そのニワトリが毎晩、不規則に鳴き続けるので呆れてしまった」（『全集』

一巻、四八四頁)と書いている。
おもしろいのは、熊楠さんの発想がこんな自分の体験に基づいて、世界各地でのニワトリの生態に及んでいることだ。毎日、だいたい決まった時刻に鳴くニワトリという鳥類の性質と、人間の文化の間には、密接な関係がある。それは地球上の各地域でどのように異なっているのか。「十二支考」鶏の回の続きを読んでみよう。

……呆れてしまったけれど、スペイン人のオヴィエドという人の『西インド諸島の歴史と博物誌』六巻を読んだら似たようなことが記されていた。スペインやヨーロッパの多くの地域では、ニワトリは夜中と日の出の時に鳴くが、一晩に三回鳴いたりするものもいる。つまり、日没の二時間から三時間後と、真夜中と、あけぼのが輝き出す十五分前に鳴く。でも西インド諸島あたりでは、日没後一時間から二時間で鳴き、夜明けの一、二時間前にまた鳴くが、夜中には鳴かない。宵の口あたりに鳴くだけで、それっきり一度も鳴かないニワトリもいる。つまり、ひと晩で一回か二回鳴いて、夜中には鳴かないわけだね。まあ西インドでは日の出前の一時間半から二時間前に歌い出すニワトリが一番多いってことさ。
(『全集』一巻、四八四〜四八五頁)

この後、熊楠さんは、ネコは北アフリカやヨーロッパでは二月初めにサカリがついて鳴きわめくけれど、西インド諸島(カリブ諸島)に行くと黙々と交尾して繁殖する、というような例を挙げている。そんなふうに、土地が変われば気候条件によって、鳥やけものの習性が変わることがあるという、なかなかに興味深い着眼点を示す。

もちろん、このような動物の習性に関する議論は、青年期以降の熊楠さんが、その後にニワトリやネコや他の動物たちを実際に観察したり、大航海時代に活躍したスペイン人のオヴィエドの西インド諸島に関する本などを読んだりした後に展開したものだ。けれども、その最初の気づきが、サンフランシスコの下宿での体験にあったとしたら、それはそれでおもしろいことだ。

なぜなら、この時、熊楠さん自身が日本から太平洋を越えてカリフォルニアにたどり着くという、生涯で最初の地球規模の大移動をした直後だったからだ。日本とアメリカでは、ニワトリの鳴く時間さえ異なっていると、熊楠さんはうるさくて眠れない夜を重ねながら考えたのではないだろうか。船旅だと二週間かけて太平洋をゆっくりと渡ってくることになるから、今の飛行機旅行のように時差に悩まされるということはないだろう。けれど熊楠さんはこの時、日本とカリフォルニアの気候風土の違いや、自分の身体感覚の変化なども、十分に感じていたはずだ。

ここで熊楠さんが引用しているオヴィエドというのは、一四九二年のコロンブスのアメリカ到達以後、最初期の植民事業を担った人物だ。スペイン南部の自治州であるアストゥリアスの公家に仕え、若い頃はイタリアで事務官として活躍した。一五一四年にサント・ドミンゴ(現在のドミニカ共和国の首都)の金の精錬作業の監視官に任命されて、現地におもむいた。一五二三年に帰国すると、その頃「インディアス」と呼ばれていた新大陸と西インド諸島のスペイン植民地一帯の地誌・歴史の記述を命じられた。

オヴィエドはスペイン人の目線からインディアスの状況を描いたために、高圧的な植民者、コロニアリストとして、後世の評判はかならずしも良くない。アメリカ先住民への共感を抱いてスペインの植民地主義に批判的だった同時代人のラス・カサスなどには、かなりこきおろされている。その辺のことは、熊楠さんもよく知っていたのだけれど、「戦争に使われた動物たち」(一九一六〜七年)の中では、次のようにオヴィエドを擁護している。

十六世紀にスペインのフェルディナンド・デ・オヴィエドが書いた『西インド諸島の歴史と博物誌』に関して、ラス・カサスは「一ページごとに一つのウソがある」とののしった。でもそれは、愛国心が強いオヴィエドが、何事につけても自分の国の人たちのやり方を賞賛したからだ。博物学上の記述については、誠実に、その時見聞きしたままを記している。(『全集』三巻、一二九頁)

実は、この文章は熊楠さん自身の意見ではなくて、『エンサイクロペディア・ブリタニカ』第十一版の「オヴィエド」の項目のほぼ忠実な要約となっている。とは言え、まあ熊楠さんはこの見解に賛成だったということだろう。熊楠さんは全体に、自分も日本の愛国者だ、という気持ちが強かった人で、その延長でスペイン人の愛国心にも寛容だったということになる。

オヴィエドが博物学者として評価されていることには理由があって、一四九二年のコロンブスの到達以降に絶滅してしまったインディアスの動物について、現代に伝えてくれていることなどもその一つだ。たとえば、アメリカトゲネズミ科に属する「フチア」というのはウサギに似た灰色の四つ足のけもので、ウサギより小型で耳も小さく、ネズミのような尻尾がある。先住民もスペイン人もイヌを使って狩ったために「もうめったに見られなくなった」と、オヴィエドは記している。

「クェミ」は色も姿もフチアに似ているが、もっと大きく、中型の猟犬くらいだ。この動物は、オヴィエドの頃に絶滅したらしい。「モフイ」もフチアに似ているが、より小型で体の色が薄い。背中にたくさんの粗い毛がとげのように立っている。島の人たちは、この肉は何より美味しいと言っている。「コーリ」はモルモット(テンジクネズミ)みたいな動物だが、当時は食用に飼われていて、たぶんスペイン人が南米から持って来たものだという。

それから、コロンブス以前からインディアスの原住民に飼われていたイヌがいるけれど、これは鳴かないので「ミュート・ドッグ」と呼ばれていた。耳が立っていて、毛の長さや色は多様。どうやら、主に食用のために飼われていたようだが、フチア狩りにも役立ったらしい。オヴィエドの記述では、イスパニョーラ島では見られなくなってしまっていたが、他の島にはまだいたという。

オヴィエドの時代以降、このミュート・ドッグは絶滅寸前までになった。しかし、先住民の権利保護運動の気運が高まるとともに徐々に数が増え、二十一世紀の今日まで生き延びている。一般に「インディアン・ドッグ」と呼ばれるが、南アジアの方のインド固有の野犬も同じように呼ばれることが多いので、ややまぎらわしい。こんなことまで含めて、コロンブス他のスペイン人が、新大陸に着いた際に、そこが地球を半周したインドだと思い込んでしまったことから起きた世界史的な大混乱が影響している。カリブ海を「西インド」、インドからインドネシアあたりまでの領域を「東インド」と呼ぶヨーロッパ人のなんともおおざっぱな地理感覚は、今でも多くの地名などに残されている。

いずれにしても、当時から現代につながる動物の生態を知るために、オヴィエドがインディアスで初めて見た生きものについて詳しく書いてくれていることには大きな意味がある。そのような博物学者としての視点から、オヴィエドはヨーロッパと新大陸のニワトリのちがいにも注目し、鳴く時間が異なっていることを記録したわけだ。熊楠さんもまた、サンフランシスコでの自分の経験に基づいて、同様の着眼点から地域によるニワトリの鳴き方のちがいに興味を持った。「十二支考」鶏の回で熊楠さんは、日本でもニワトリの雑種化が進んだため、鳴く時間がまちまちになってきているというような観察についても書いている。

熊楠さんがオヴィエドの博物誌を読んだのは、フロリダからキューバを経て二十五歳でロンドンに渡って以降、通い詰めていた大英博物館の図書館でのことのようだ。この世界最大級の図書館で、熊楠さんは人類学や民俗学の研究のための「ロンドン抜書」という長大なノートを作成していた。このノートには全部で九か国語の書籍が引用されているけれど、その中には大航海時代のことを記したイタリア語やスペイン語の本が多く見られる。

特に、ジョヴァンニ・バッティスタ・ラムージオという人が一五五〇年にヴェネチアで刊行した「航海と探検」シリーズについて、熊楠さんはイタリア語の原書をかなり詳しく書き写した。オヴィエドの本は、その中の第三巻に抄出されている。その後、熊楠さんは、オヴィエドの本を「船乗りシンドバッド——猿とココナツ」(一九〇七)と「ゴマフアザラシの毛」(一九二五)という二つの英語の論文の中でも用いている。

ラムージオの旅行記は、この頃世界中に進出したスペイン人やポルトガル人が見た新たな世界の記録を集大成したものだ。たとえば、日本に渡来した最初のイエズス会士のフランシスコ・ザヴィエルと同僚が、マラッカで出会った鹿児島出身のアンジローという日本人から聞いた報告などもその一つだ。「北方に新たに発見された日本という島に関する短報」と題されたこの報告は、一五四八年にゴアで作成されたもので、ヨーロッパと日本のファーストコンタクトであるポルトガル人の種子島漂着からわずか五年後のことだった。「ロンドン抜書」ではこの報告の後に、翌年に日本に到着したザヴィエルから送られた手紙が続いている。

おもしろいのは、この中で、熊楠さんがアンジローとザヴィエルの会話に注目していることだ。ある日、ザヴィエルから「日本人は、なぜ私たちと同じように左から右へ書かないのですか」と聞かれたアンジローは次のように答えた。「あなたがたはなぜ私たちと同じように書かないのですか。人間は頭が上にあり、足が下にあるのですから、書く時も上から下へ書くべきじゃないでしょうか」。これを大英博物館で筆写していた熊楠さんは、「この男は、なかなかの豪傑と見受けられる」とイタリア語筆写の余白に日本語で書き込んでいる。

こんなふうに、日本人とヨーロッパ人は、最初に出会った時、お互いのタテ書きとヨコ書きの文化のちがいについて言い合っていた。はるばるアジアの涯にまで航海してきたヨーロッパ人たちは、キリスト教に基づく自分たちの文明は「普遍的」だと思っていただろうから、アンジローの理路整然とした反論にさぞ驚いたことだろう。そして、それから三百五十年後に大英博物館にまで来て、筆写しているイタリア語文献からこんな文章を見つけた熊楠さんは、大航海時代の日本の「豪傑」を見つけて、溜飲を下げたのではないだろうか。

熊楠さんが「ロンドン抜書」の中で、ラムージオの旅行書などの大航海時代の資料を集中して書き写したのには、わけがある。それは、この時期を境として、人間の文化や動植物の生態などの大規模な変化が急速に進行することになったからだ。この後、熊楠さんは、世界の民俗文化の比較を志すようになるのだけれど、そのためには大航海時代にヨーロッパ人たちが、アジアやアフリカや新大陸、オセアニアの人々とどのように接触していったかについて知る必要があった。

人間の社会・文化だけではなく、人間にいやおうなく影響される動植物の世界もまた、大航海時代以降は世界規模で大きく変動していった。横浜から太平洋を越えてサンフランシスコにたどり着いた熊楠さんが、近所のニワトリの鳴き声に夜中悩まされたことは、そうした人類と自然の数百年の歴史に、自分の身体感覚で切り込んでいくための第一歩となったのではなかったのかな。

8 森と湖に囲まれたアナーバーで人生について考える

一八八七年八月八日、熊楠さんは友人の村田源三とともに、サンフランシスコを発った。サンフランシスコで一月に入学した時に支払ったパシフィック・ビジネス・カレッジの学費は半年分だったから、ここは英語に慣れるための語学学校として考えていたのだろう。アメリカの大学の新学期は九月から始まるため、進学を目指して予定していた行動だったようだ。

でもどこの大学へ行くのか。それが問題だ。アメリカ合衆国は東海岸の十三州から始まった国だから、アイヴィ・リーグと呼ばれるような名門校はボストン、ニューヨーク、フィラデルフィアといった東部地区に集中している。ただし、ヨーロッパ系の移民が支配的な雰囲気の中で、日本人が勉強するのはなかなか敷居が高い。そこで、熊楠さんは日本人が多く留学している中西部を視野に入れていたようだ。

アメリカ大陸の汽車の旅は長い。まず熊楠さんは、出発から四日後の八月十二日に着いたネブラスカ州の州都リンカーンの駅で降りている。ここでネブラスカ大学を見学に行って規則書をもらったりしているのだが、学校は修繕中とのことだった。そこで、切符を買い直して、今度はミシガン州を目指し、シカゴを経由して八月十五日に州の中央部にある小都市のランシングに到着した。ここまでサンフランシスコからは一週間かかったことになる。

このランシングで熊楠さんは、ミシガン州立農学校の寄宿舎に入り、八月二十二日に入学試験を受けた。そして合格して、すぐに学生としての寮での生活が始まった。熊楠さんは渡米前に、やはりこの農学校で勉強した和歌山出身の津田道太郎という先輩から話を聞いており、ある程度想定内の学校だったはずである。津田は貴族院議員だった父を助けて、後には銀行の頭取になっているような人物だから、留学成功組の一つのモデルと言ってよい。熊楠さんは学校の書類の保証人欄にも、津田の名前を書いている。しかし、はたしてこの選択は、よかったのかどうか。

と言うのは、ランシングからおよそ五十キロ離れたところに、ミシガン大学を擁するアナーバーがあり、全米屈指の学問都市として知られているからだ。ランシングのミシガン州立農学校は、実学を強化するという、当時の米国の方針に沿って開校し、教育面ではけっして悪いところではない。しかし、熊楠さんのように総合的な学問の世界を知りたいという願いを持った東洋人の青年のためには、やはりランシングよりもアナーバーが向いていたはずだ。

実は、熊楠さん自身も途中からそのことに気づいたようで、ランシングの農学校に入ったものの、猩紅熱《しょうこうねつ》という感染症の流行で休校になったことなどもあって、アナーバーで過ごすことが多かった。たとえミシガン大学の学生でなくても、アナーバーでは博物館や古書店などさまざまな学問環境を利用することができた。また日本人の留学生が多く生活していて、そうした点でも過ごしやすかったようだ。

結局、熊楠さんはアナーバーとランシングを行き来した後、ミシガン州立農学校を一八八八年十一月に退学し、本格的にアナーバー暮らしを始めることになった。農学校は熊楠さんの生涯の中で、最後の学校生活だったということになる。これ以降、熊楠さんは独学を自分の信条として、本から得た知識とフィールドでの観察を糧に研鑽を続けていくことになる。

まあ、仮に先にアナーバーに立ち寄ってミシガン大学入学を目指したとしても、やはり学校という制度は熊楠さんには向かなかっただろう。だから、遅かれ早かれ、学校を離れて独学の道を選んでいた可能性は高い。とは言え、ランシングの農学校への入学と退学が、二十一歳の熊楠さんに独学生活への決心をつけさせたということはたしかだ。

アナーバーで熊楠さんは、無我夢中で本を読みあさった。その時の勉強三昧の日々のことを、後に熊楠さんは次のように思い返している。

それからむちゃくちゃに服と食事を節約して、病気になるのもかまわずにたくさんの本を買った。キリスト教の神学もかじったし、生物学にも手を出した。ギリシア語やラテン語もやりかけながら、サンスクリットも習おうとした。文学にたとえれば、高尚な万葉風から卑俗な民謡調まで研究したわけだ。ただ残念なのは、自分の思いはかぎりなく広がるのに、命にはかぎりがあるということだ。

（『全集』七巻、一二七頁）

この時期の熊楠さんが読んでいた本は、哲学、宗教学、社会学、文学、生物学など、たしかに幅広い範囲にわたっている。アナーバーには古本屋街もあって、熊楠さんが西洋の教養を身につけるには十分な環境が整っていた。
さらに熊楠さんは、渡米前からの夢である植物学のフィールド調査にも力を入れている。周囲を大草原に囲まれたアナーバーは、アメリカの豊かな自然環境が感じられる場所だ。ここで熊楠さんは、街の南に広がる森や、北を流れるヒューロン川の河原での採集に繰り出した。しかし、採集に夢中になるあまり、時には危険にさらされることもあったようだ。冬の初めに大吹雪の中であやうく遭難しそうになったことを、晩年になって次のように思い返している。

ボクが二十二～二十三歳だった時のことだ。アメリカのミシガン州のアナーバーという地方都市の郊外三～四マイルにある深い林で採集をしていたら、大吹雪になったので走って帰ろうとした。すると、生まれてひと月にもならないくらいの子ネコが道に迷って、雪の中をボクについて走っていた。ちょうどボクの故郷の妹の訃報が届いた数日後のことで、仏教では死後に転生するということもあるから、もし妹がこのネコに生まれていたら、棄てていくわけには行かない、と思って上衣のポケットに入れて走った。でもネコは何度もそこから出てきてしまって、自分で走り出す。
（『全集』九巻、一七二～一七三頁）

この妹というのは、南方家の次女の藤枝で、熊楠さんの五歳年下だった。熊楠さんは藤枝のことをたいへんかわいがっていたようで、十七歳で東京にいた時には、『春色日本魂』という子ども向けの本を、実家の藤枝さんに贈ったりもしていた。

その藤枝さんが亡くなったのは、一八八八年九月五日のことで、まだ十六歳だった。吉川壽洋氏の調査によると、熊楠さんが最初にそれを知ったのは十二月四日にお父さんからの手紙を受け取った時のことだという。そこには娘が亡くなったことと「実に残念だ」という思いが書かれていたようだ。そこで、熊楠さんの記憶が確かならば、それから数日後に吹雪の中で子ネコと出会い、妹が転生したのではないかと思ったということになる。

冬のアナーバーは寒さがたいへん厳しく、マイナス十度を超えることも多い。雪の日が続き、強風がビュウビュウと吹き荒れる。友人と一緒に野原の一軒家を借りていた熊楠さんは、「ボクが二階に一人で、火も焚かずに寒い部屋で寝ていると、吹雪がしきりに窓を撲るように打ち付けて、限りなくすさまじかった」(『全集』一巻、五四一頁)という経験をしている。また天候が変わりやすく、日記にも「昨日までは暖かかったのに、今日から極寒に変わった」(一八八九年一月九日)などという状況が記録されている。吹き込む寒風がカーテンに当たって作り出す像から、幽霊の幻影を見たりしたこともあったようだ。

この時、熊楠さんが採集をしていたというアナーバーの南の郊外は、グーグルマップなどを見ると、今でも樹木が密集した地帯が残っていて、当時はけっこう深い森だったことを思わせる。日記によれば、この年の初雪は十一月十日に降ったようだ。十一月、十二月と雪の日が多く、すでにかなり深く積もった状態だったのだろう。そんな中で「大吹雪」に遭うことは、ほんとうに生命の危険を覚えるようなできごとだった。熊楠さんは子ネコを抱えて雪道を走ったけれど、吹雪はどんどん荒れ狂っていった。続きを読んでみよう。

〔子ネコは〕小さいものだから、ボクに追いつくことができなくて、悲しそうに鳴いている。足を止めて拾い上げて、何度も何度もポケットに入れるんだけど、しばらくするとまた落ちて出てくる。その時、漢の時代に高祖〔劉邦〕が、息子の恵帝〔劉盈〕と娘の魯元公主が足手まといになるからと、何度も何度も車から突き落としたという故事を思い出した。そこで、最終的にその子ネコをつかんで、その辺の牧場の塀の中に十メートルほど投げ込んだ。そして思いを断ち切って一生懸命に走って、吹雪の中に埋もれてしまうことをまぬがれたんだ。

（同前書、一七三頁）

この文章の最後に、熊楠さんは「そのネコはそのまま雪の中に埋もれて死んでしまったんだろうね。今でも考えるとつらいよ」（同前）と書いている。「今でも」というのは、一九三三年のことだから、四十五年も経ってから思い返しているということになる。ただこんなふうに、時間が経てば経つほどに生命の重みが感じられてくるという経験は、誰しも覚えがあるのではないだろうか。自分の人生が長く続けば続くほど、ある時に終わってしまった命、というものをさらに強く実感するようになる、とでも言えばよいのだろうか。

実は熊楠さんは、十九歳から三十三歳までの海外放浪の時期に、たくさんの大切な人を亡くしている。家族で言えば、この時の妹の藤枝（一八八八年九月）を皮切りに、父の弥兵衛（一八九二年八月）、母のすみ（一八九六年二月）がこの世を去っている。さいわい、和歌山の実家は三男の常楠が家督を継いで、家業の酒造会社をもりたてていくこととなったけれど、熊楠さんにとっては、海外への出発前と帰国後では、実家の構成はさまがわりしてしまったように感じられただろう。

また友人としては、羽山繁太郎(一八八八年十一月)、羽山蕃次郎(一八九六年十二月)の兄弟が挙げられる。熊楠さんは、学生時代にはこの二人と同性愛的な関係を持ったこともあった。とりわけ繁太郎の死は、藤枝の死とほぼ同時期にあたり、異国の地で独学の生活を送る熊楠さんには、大きなショックだったことだろう。「自分の思いはかぎりなく広がるのに、命にはかぎりがある」という気持ちには、こうした家族や友人の訃報が反映されていたと見てよいのではないだろうか。

さて冬の厳しいアナーバーだか、夏になると打って変わって、周辺の森に花々が咲き乱れ、草木が繁茂する。その頃の熊楠さんの日記には、毎日のように採集に出かけたことが記されている。「沼や沢の中に迷い入ってしまって、ズボンとクツに水が入り、たいへん往生した」(一八八九年六月十二日)というような悪戦苦闘の様子も窺われる。またこの季節もやはり、天候はきまぐれだったらしい。快晴の中で採集に出かけた熊楠さんは、突然の驟雨《しゅうう》に打たれながら帰ったりもしている。

採集中に小雨が降り始めたけれど、かまわず進んでいくと、大雨になってしまった。それでもかまわずに、カラマツの森で採集していたら、空が真っ暗になったので帰った。その道は線路をつたって二マイルほどだった。くつに水が入ってとっても苦労した。(一八八九年六月一日)

自然にあふれたアナーバーの郊外の中でも、特に熊楠さんにとって絶好のフィールドとなったのが、街を取り巻くように東から北、西へと流れるヒューロン川の河畔だ。ここで熊楠さんは、草花やキノコ、さらに昆虫の採集をさかんにおこなった。採集には一人で行くことが多かったが、時には友人と同行することもあった。飯島善太郎という友人と同行することになったのは一八八九年、つまり明治二十二年の八月のことだ。飯島とは「酒店に一緒に行った」というような記述が多いが、連れだって昆虫などを採集に行ったという日もある。そして、次のようなできごとが起こる。

〔飯島は〕明治二十二～二十三年頃に、ボクと一緒にアナーバーでぶらついていた。七～八月の暑い最中に、ボクを訪ねて来て「おい、金色のハスを見たことはあるか」と聞いた。しかも「川に生えている」と言うので、ボクは「学問の素養がない奴はウソも下手だね……」と言ってやった。

（「草花の話」『全集』六巻、二七〇～二七一頁、一九二六年）

浮葉植物のハスは沼とか池とかのよどみに生育するもので、流れの速い川に浮いているはずがない、と熊楠さんは思っていた。そこで熊楠さんは、室町時代の桜井基佐《さくらいもとすけ》という連歌師が、師匠の宗祇《そうぎ》を困らせようとして、川のことを話題に出した句に対して、わざとハスの句を付けたという故事を例に出した。川にハスがあるはずがないではないか、と叱責する宗祇に対して、基佐は「極楽の前に流るるあみだ川、はちすならでは異草もなし」、つまり極楽を流れるあみだ川にはハス以外の植物はないだろう、と言い返したという。

それで「もう少し気の利いたホラを吹けよ」と言ったのだけれど、飯島の方は、真剣な目をして、

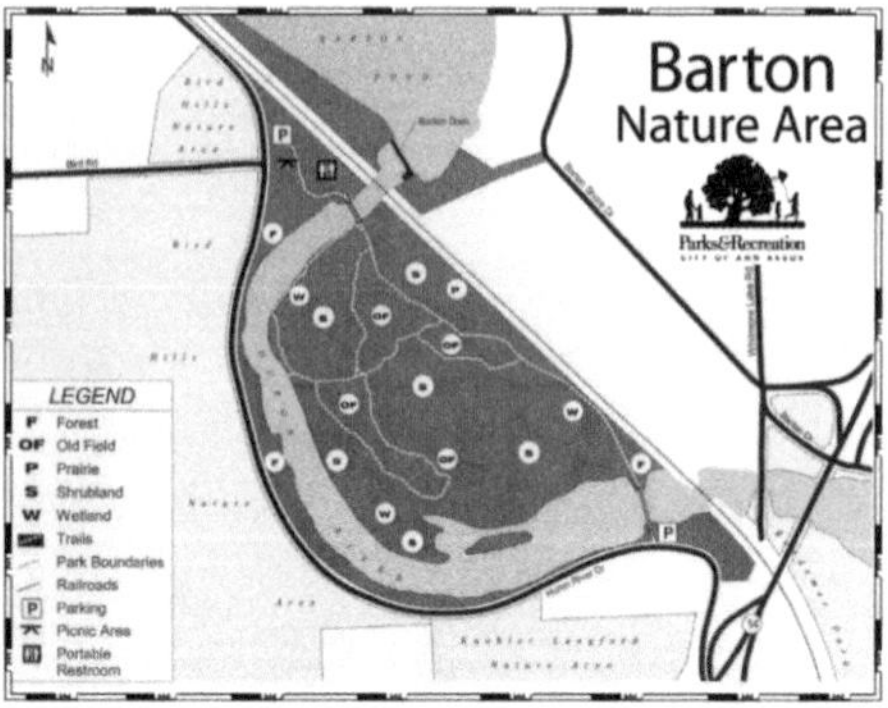

図 8-1 バートン自然エリアのマップ．熊楠さんと飯島は，真ん中の公園の周りを流れるヒューロン川を北上して上部のバートン湖に至ったと考えられる

「一緒に行ってみようじゃないか」と言う。ボクが「よし行こう。でもハスを見ると死んだ人の顔を思い出して気が弱くなる。そうならないようにちょっと一杯飲んでから」と言うと、「そら出た。それはダメだよ。道行きがはかどらないだけでなくて、後になって、あれは酔って炎天でめまいがして、白い花が金色に見えたんだ、なんて言われると困るからね」と止められた。

（同前書、二七一頁）

そこまで言われたらしかたがない、と熊楠さんは飯島と一緒に見に行くことにした。ふたりは街の北のはずれのヒューロン川を目指して歩いて行ったのだが、このあたりは現在もバートン自然エリアとして、一般の人たちが自然に触れるための地区となっている（**図8-1**）。アナーバー市の公式サイトを見ると、湖畔のハイキングや湖上のカヤック遊びに最適の場所のようだ。夏には甘い香りのベルガモットや、紫や黄色の花々が咲き誇っていると書かれている。

このバートン自然エリアの北側にあたる上流へとさかのぼって行くと、やがてバートン池と名付けられた湖のように広い池に行き着く。飯島に連れられた熊楠さんは、おそらく何時間も歩いて、ようやくそこまでたどり着いた。

面倒なことになったなとつぶやきながら、三マイルほど上流に行くと、ヒューロン川は湖水のように広くなっている。その岸に近いゆるやかな流れの中に、淡い黄金色のハスの花がおびただしく咲き並んでいた。まるで現世にいながら、極楽のあみだ川を目の前に眺めるようだった。

（同前）

キバナバスとか、アメリカン・ロータスと呼ばれるこのハスは、現在でもアナーバー近辺では多く見られる。今でこそ、園芸植物として日本にも入っているものの、熊楠さんにとっては初めて目にするものだった。明るい黄金色のたいへん美しい花だが、熊楠さんは飯島には「あれは金色ではなく黄色だ」と負け惜しみを言ったという。

この「草花の話」という文章は一九二六年に書かれたものだから、二十二歳の日からは四十年近く後の回顧談だ。このキバナバスについて、熊楠さんは「川に生えるせいか、立葉があって浮葉がない」と、日本のハスとのちがいを説明している。熊楠さんによれば、日本の俳句には「蛙とんで浮き上がるはすの葉かな」というのがあって、池の上に大きなハスの葉が浮いている妙味を、カエルを使って表している。でも、アメリカ人にはこの感覚はわからないかもしれない、と熊楠さんは考察した。

それにしても、「極楽のあみだ川を目の前に眺めるようだった」という熊楠さんの回顧は、めずらしく感傷的だ。熊楠さんにとっては、異国の心細い日々の中で、故郷で死んだ人たちのことを思い浮かべながら、思いがけず極楽浄土にたどり着いたような気分だったのかもしれない。

五十九歳になった熊楠さんが書いた「草花の話」は、古今東西、世界中の花の文化を紹介して、読者を飽きさせない。たとえば、この若い頃の逸話に続いてスイレンに関する話を次のように展開している。

スイレンはおよそ三十二種類ある。日本ではヒツジグサと呼ばれる一種類だけが自生している。これは未《ひつじ》の刻、つまり午後二時に白い花が咲くことから名が付けられた。「睡蓮」という漢字の名は、夜になると花がねむってしまうので付けたという。英語ではウォーター・リリー、つまり水中のユリの意味だ。ヨーロッパには二種類があって、ともに白い花が咲く。ギリシアの妖精ニンフがヘラクレスに恋をして、嫉妬して死んでこの花になったということで、ニンフェアという学名が付けられている。芸術をつかさどる女神ムーサが、いつも出歩いているヘリコーンの野原に多く見られるために、美と弁舌の象徴になった。（同前）

「十二支考」の中で動物の世界の多様さを人間が見つめてきた歴史を描き出した熊楠さんは、ここでは草花について同じような論を繰り広げている。その熊楠さんの観察眼と筆致はなかなか繊細かつ詩的で、自然科学者としてだけでなく、文学者としての表現力も感じさせるものなのではないだろうか。

9
ミシガン大学博物館で奇妙な動物の剝製を観察する

前章で見てきたように、アナーバー滞在期の熊楠さんは、独学でさまざまな西洋の学問をきわめようとする道に踏み出すことになった。それを大いに手助けしてくれたのが、ミシガン大学を擁するアナーバーという街の文化的な雰囲気だ。

アナーバーは五大湖に囲まれたミシガン州の南部、デトロイトの隣に位置している。現在の人口で言えばデトロイトは四百万人近い大都市だが、アナーバーは十二万人程度にすぎない。この街が知られているのは、昔も今も、何と言ってもミシガン大学があるためだ。ミシガン大学は一八三七年にデトロイトからアナーバーに移転して以来、文化だけでなく経済やインフラなどあらゆる面で街の中心としての役割を果たしてきた。

熊楠さんが来た時、ミシガン大学にはすでに二十人ほど、後には三十〜四十人もの日本人の留学生が学んでいたという。これには理由があって、当時の日本の国としての悲願は、幕末の開国後に西洋の列強と結んだ不平等条約の改正だった。ミシガン大学には、外交官として活躍し、国際法の権威であったJ・B・エンジェル教授がおり、当時は学長の地位にあった。そこで、条約改正のために必要な国際法の勉強のために、日本人の若者が集まっていたというわけだ。

アナーバー時代の熊楠さんは、自分は大学には入らなかったものの、こうした日本人留学生たちとは親密に交流していた。三好太郎という友人が、現地の医者のお嬢さんと結婚して実家から勘当された際には、生まれた娘の世話をしてやったりもしている。その後、日本人留学生たちのコミュニティはエンジェル学長から出された禁酒令をめぐって紛糾するのだけれど、そのあたりは本題ではないので、ここではあまり立ち入らないことにしよう。

ともかく重要なのは、このアナーバーで熊楠さんが自学自習の生活を続けたことだ。特に、大学街だけあって古書店が充実していたことには、大きな恩恵を受けていた。前章で紹介したように、熊楠さん自身が「それからむちゃくちゃに服と食事を節約して、病気になるのもかまわずにたくさんの本を買った」と述懐している通りだ。この時期の熊楠さんの洋書の蔵書について詳しく調べた故・川島昭夫氏によれば、熊楠さんの旧蔵書には、一八八八年に購入した書籍が八十一冊、一八八九年に購入した書籍が六十六冊残されていて、洋書の購入が特に多かった時期だという。

たしかに、一八八八年の日記の末尾には、合計百三十一冊の書籍のリストがあって、合計金額が百五十一ドルと記されている。この中には現在残されている蔵書中には見られない本も多いから、たぶん購入したいと思ったものを順々に書き付けたのだろう。内容的には進化論、動物学、植物学、昆虫学、西洋古典とさまざまだ。このあたりも「キリスト教の神学から生物学、ギリシア語やラテン語、さらにサンスクリット」まで勉強したという熊楠さんの言葉を裏付けている。

熊楠さんは、友人宛の手紙の中で、アナーバーについて「古代中国の魯《ろ》のような学問に特化した場所」だとも言っている。春秋戦国時代に栄えた魯は、小国ながら学問を尊び、孔子を生んだ地だ。熊楠さんはまた、ミシガン大学については、「日本の帝国大学くらいどころか、何倍も大きな高層建築が十二〜十三棟も並んでいる」として、その建物の壮大さに驚いて、次のように書いている。

学科ごとに建物があって、日本の大学のように同じ建物の中にちがう学科を入れているということはない。図書館は全米中でも有名なもので、大きさはわが国の帝国大学の全蔵書数の数倍というが、ちょっと疑わしい。何にしても広大なことはたしかだ。二階には美術館があって、古い硬貨、記念硬貨、および肖像画や絵画などが展示してあって勝手に見物できる。

（『全集』七巻、七八〜七九頁）

しかし、熊楠さんが最も関心を持ったのは、何と言っても大学の博物館だ。ランシングから最初にアナーバーにやって来た一八八七年九月三日の日記には、早くも博物館を訪れたという記述が見られる。さらに、同年の十一月十二日、今度は長期の滞在のためにアナーバーに来てから熊楠さんの日記には「博物館を見る」という記事が連日並ぶようになる。十一月中に四回、十二月中に八回、さすがにその後ペースは落ちるものの、翌一八八八年一月から三月にかけて四回といった調子だ。

当時の博物館は三層構造で、下層が古生物、中層が動植物、上層が人類学と分かれていた（図9-1）。そのあたりの説明を読んでみよう。

博物館はわりあい小さくて、三層からなっている。下層は古生物を陳列している。アンモナイトの化石が三百〜四百種はある。またマストドン(旧世界の巨大なゾウ)の下あごの骨があって、その偉大なことは奇跡的だ。

(同前書、七九頁)

図9-1　熊楠が訪れた頃のミシガン大学博物館

ミシガン大学博物館では、古生物、動植物、人類学の三層は、それぞれ別の組織として位置づけられていた。その後、博物館は一九二八年と二〇一九年に新しい建物に移管されているが、長い間この三つの部によって運営されてきたようだ。また、熊楠さんが感心したマストドンの化石は、今でも博物館の目玉となっているらしい。

この三つの層の中でも、やはり熊楠さんの注目点は中層の中の動物の部だったようで、詳しく印象が記されている。

中層部分には、動物と植物が安置されている。動物の数は十一万個もある。そのうち、ボクが以前から耳にしていて、初めて見たのはクラミフォルスと飛狐猨《トビキツネザル》だ。クラミフォルスというのは、モグラほどの小さなけもので、鼻から背中はカメみたいでちょっと軟らかそうだ。腹と手足には甲羅はなくて、絹のような白い毛におおわれている。これがとってもかわいいんだね。(同前)

ここで熊楠さんが「クラミフォルス」と書いているのは、和名ヒメアルマジロの学名(*Chlamyphorus*

truncatus）のことだ（**図9-2**）。最後の「とってもかわいいんだね」と訳した部分の原文は「はなはだ可愛らしきものなり」で、ずいぶんお気に入りだったことがわかる。熊楠さんはカメも大好き、ネコも大好きだったので、うろこ状のよろいと、柔らかな白い毛をあわせ持つヒメアルマジロに惹かれたのは、さもありなんである。このヒメアルマジロはブラジル産だったと、熊楠さんは書いている。

> また飛狐猴はフライング・レムールといって、サル類の一番下等なものだ。キツネザルとコウモリの中間にいるようなけもので、かたちはレムールとコウモリを合わせたみたいな感じだから、とっても奇抜だ。（同前）

図9-2　ヒメアルマジロ（Friedrich Spect, 1927）

この「フライング・レムール」とは、樹間を飛び移るヒヨケザル（*Cynocephalus volans*）のことで、フィリピンやマレー半島に生息している。ムササビのように手足の間の皮膜を広げて空を滑空するもので、密林の中を木から木へと長い距離を移動する。

ただしミシガン大学博物館のこの標本が「マダガスカルの産」となっていたのはやや謎だ。マダガスカルにはレムール、つまりキツネザル科（*Lemuridae*）は多くの種が生息するものの、これは霊長目に属していて、皮翼目に属するヒヨケザルとは異なっている。ヒヨケザルの生息地は、現在、東南アジアに限定されている。たぶんこれは、大学博物館の担当者が、レムール（キツネザル）とフライング・レムール（ヒヨケザル）を混同したことから起きたものではないだろうか。いずれにしても、熊楠さんが見たのはヒヨケザルの方だろう。

図9-3　『十二支考』中の「飛狐猴」の図

熊楠さんは、「十二支考」「サル」の回の中で、ヒヨケザルについて、英語ではコルゴ（Colugo）と呼ばれているものだと紹介している（**図9-3**）。前後の脚の間にだけ皮膜が張られているモモンガと比較して、ヒヨケザルには前後の脚の間、前脚と頸側、後脚と尾の間、脚の指の間にも皮膜があり、コウモリのようだと、熊楠さんは解説する（**図9-3**）。ただしコウモリの翅膜には毛がないが、ヒヨケザルの膜の上面には毛が厚く生えているという。そして、話は次のようなヒヨケザルの動物学上の分類にまで及んでいる。

　この動物は、以前はサル類の中でも下等なキツネザルの一族とされていた。でも、だんだん研究が進むとコウモリに近いとか、モグラと同じように虫を食べるけものだとか、判断がつかなくなった。そこで、コルゴのために「皮膜獣」という独立した分類を作った学者もいる。

（『全集』一巻、三五四〜三五五頁）

実際に、ヒヨケザルの分類は熊楠さんの頃から現在までの間に二転三転した。熊楠さんの言うように、コウモリの仲間とするか、モグラの仲間とするかでもめた結果、ヒヨケザルのみを入れた「皮翼目」(*Dermoptera*)という項目が作られて、今に至っている。

さて、おもしろいのは、熊楠さんがここからさらに考察を進めて、中国の博物学書の中にあらわれる妖怪のような生き物が、実はヒヨケザルのことだったのではないかとしていることだ。熊楠さんはまず、「平猴」「風母」「風生獣」「風狸」と、さまざまな名前で呼ばれている奇妙な動物が中国の本草学書に現れることを紹介する(**図9-4**)。

> 中国の本草学の本の中で、いちばん不可思議なものに、「平猴」とか「風母」とか「風生獣」とか「風狸」と呼ばれるものがいる。唐の陳蔵器の説では、「風狸」は邕州より南にいて、ウサギに似て短い体のものだ。高い木の上に棲んでいて、風に吹かれて他の木に飛び移り、そこの果物を食べる。その尿は乳のようで、とっても得がたいものだけれど、諸風〔いろいろな病気〕を治すことができる。
>
> (『全集』一巻、三五三頁)

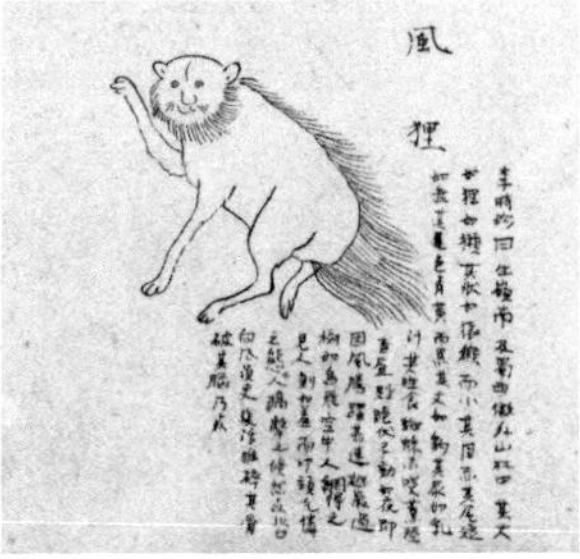

図9-4　熊楠が少年時代に模写した「風狸」(平猴)の図(南方熊楠記念館蔵)

いろいろ名前があるようだが、とりあえずここでは「平猴」を使っておこう。高い樹木の上に棲んでいて、風に乗って他の樹木に移るというのだから、「平猴」はたしかにヒヨケザルと特徴が一致している。サルのような姿で小さく、果物を食べ、夜行性という点でもぴったりだ。

そこで熊楠さんは「奇怪きわまる話だが、つらつら考えてみると、これはコルゴを誇張したものだ」と結論づける。そして「平猴」と呼ばれているのは、ほぼ水平に飛行することが可能だからだろうと推察する。また尿が「諸風を直す」という伝説は、「風」と「風邪」を同一視するからで、「風狸」という異名から生じたのであろうと解釈しており、民俗学的な視点も活かされていて興味深い。

このあたりになってくると、和漢の厖大な文献と近代の生物学を自由に行き来しながら語ることができる熊楠さんの独壇場だ。しばらく「平猴」に関する熊楠さんのうんちくを聞いてみることにしよう。

明の李時珍は、いろいろな本をまとめて考察して、こう言っている。そのけものは、嶺南《れいなん》と蜀西《しょくさい》の山林の中にいる。すがたかたちはサルのようで小さく、目は赤くて、しっぽはほとんどないくらいに短くて、青黄色で黒っぽい。昼は動かずに、夜は風に乗ってとても速く跳び上がって、岩壁を越え、樹木をかきわけて進み、鳥が飛んでいるようだ。人間を見ると、恥ずかしそうに頭を垂れて、許しを請うているようだ。棒で叩くと死んでしまうが、口を風に向けると復活する。ただし脳天を割って骨を砕けば、すぐに死ぬ。（同前）

ここから熊楠さんは、漢の東方朔《とうぼうさく》という人の『十洲記』や唐の孟琯《もうかん》という人の『嶺南異物志』から「平猴」の伝説について補っている。『十州記』には「平猴」がなかなか死なないと書かれていたり、『嶺南異物志』には「平猴」が他の動物を従わせることができる杖を持っていると書かれていたりするらしい。このあたりは、同じように山中に住んで空を飛ぶ仙人の伝説と混同されたのではないか、というのが熊楠さんの見立てだ。

さらに熊楠さんの話は、インドから中国、日本にもたらされた仏教の経典に及んでいる。漢訳経典の中には、「有翅飛鬼」つまり羽根を持って飛ぶ鬼とか、「羅刹《らせつ》有翅」つまり羽根のある羅刹といった魔物が登場しているというのだ。インドにもヒヨケザルが生息していたようだから、夜の林で滑空するすがたを見て、こうした魔物が想像されたのかもしれない。そして、日本の「天狗」というのも、こうしたインドの仏典の中の空飛ぶ魔物から来たという説があると、熊楠さんは論を続ける。だから、日本独特の「天狗」は、もともとはインドのヒヨケザルを元祖としている可能性がある、というのが熊楠さんの推測だ。

熊楠さんもこの新説にはかなり自信をもっていたようだ。「昔から学者たちを悩ませてきた平猴がコルゴだとつきとめたのはボクの卓見、ということで大天狗になって鼻高々だよ」としゃれている。熊楠さんの説がどこまで本当なのかをにわかに確かめるのは難しいことだけれど、ともかくすごい知識の幅と量だ。

さて、話をミシガン大学博物館の方に戻そう。この博物館の原型は、一八三七年に大学の構内に博物学陳列室が設けられたことにさかのぼる。その後、博物学コレクションは、さまざまなかたちでの個人からの寄贈やスミソニアン博物館からの寄贈などを通して拡張されることになった。しかし、熊楠さんが訪れた頃の博物館の展示内容の骨格がかたち作られることになったのは、何と言っても一八七〇年代以降のジョゼフ・ビール・スティアの探検旅行に負うところが大きい。

スティアはミシガン大学法学部を卒業し、その後ロー・スクールで学んだ。ところが、二十八歳で法律家となった彼は、一八七〇年から一大博物学探検旅行に出かけることを計画する。この大旅行の動機としては、有名な生物学者、H・W・ベイツの『アマゾン河の博物学者』(一八六三年)に影響を受けたことや、ダーウィンがビーグル号で訪れた地での標本採集を目的としたことなどが指摘されている。さいわいこの計画には、アナーバーの週刊紙の社主だった親戚が、旅行記の寄稿を条件に資金面での援助を買って出ることとなり、実現にこぎ着けた。

そして、スティアは九月二十日にニューヨーク港から南への大旅行に船出し、四十日かけて十月三十日にブラジルのマランハオに到着する。十一月末から翌年一月初めまでは、アマゾン河口のパラ(ベレン)に滞在するが、ここは一八四八年に若き日のベイツだけでなく、アルフレッド・ウォレスが、共同作業の中で生物学者としての最初の研鑽を積んだ土地だ。ウォレスはその後、マレーシアからインドネシアにかけての生物の調査をおこなった。そして、一八五八年に英国のチャールズ・ダーウィンに手紙を送って、自然淘汰説の同時提唱者となる人物だ。

アマゾンにいた当時はまだ二十代半ばであったベイツも、その後、熱帯での昆虫などの観察記録を報告し続け、十九世紀を代表するフィールドワーカーとなっていった。おそらく、パラでのスティアはベイツとウォレスという二人の偉大な先達の旅行記をなぞるようにして、自らの探検の最初の成果を挙げていったのであろう。

その後も、スティアの旅は、二人の先達を追いかけるようにアマゾン川をさかのぼり、サンタレン、オビドスに滞在した後マナオスに到着。そこからリオ・ネグロ川を探検した後、上アマゾン川を一気にさかのぼってペルー側のイキトスを経て陸路南下し、さらにアンデス山脈を越えて太平洋岸のリマまでたどり着いている。その後も休むことなく、彼はペルーからエクアドル（含ガラパゴス諸島）を経て太平洋を横断し、一八七四年から七五年にかけて、台湾、フィリピン、東インド諸島へと探検旅行の足を延ばしている。結局、アナーバーに帰るのは一八七五年十月のことで、ちょうど五年間に及ぶ大旅行だった。

この探検旅行の間、スティアはさまざまな困難の中で、集めた標本の多くをアナーバーに送ったり持ち帰ったりしている。彼の興味の中心は鳥類であったが、その他にも哺乳類、軟体動物や植物の標本、さらに古生物化石、地質学資料などが収集の対象となっていた。生物学者としてだけでなく、アマゾン川流域では原住民の中で生活し、ペルーでは遺跡を巡るなどの人類学者的な側面も、彼の活動の中で注目されるところだろう。

こうして収集した標本類を持って、スティアは一八七六年にはロンドンの大英博物館を訪れている。ここでは、後に南方熊楠さんとも面識を持つことになる鳥類学者のシャープと親交を結ぶなどして、さかんにコレクションの交換や買い入れをおこなった。また、この頃からロンドンの科学雑誌に論文を投稿し、数多く掲載されている。

一方、アナーバーのミシガン大学博物館は、このようにしてスティアが探検旅行を通して収集した一大コレクションを基礎として、飛躍的な発展を遂げていった。帰国後間もない一八七七年には、スティアはミシガン大学博物学教授就任とともに博物館キュレーターとなって、実質的に館の指揮をとることとなる。一八七九年には、学生を率いてふたたびアマゾン川流域での調査旅行を行い、一八八二年にはこうした急激な収蔵品の増加に合わせて新しい博物館の建物が建設されている。

そして、スティアがふたたび海外での採集をおこなっていた留守中の一八八七年に、この博物館を訪れたのが、熊楠さんだった。ここまで見てきたように、熊楠さんはミシガン大学博物館にかなりお世話になっているから、スティアのことを知らなかったとは考えにくい。ただし、名前を挙げて書いている文章は、今のところ一つも確認できない。しかし、ミシガン大学博物館が熊楠さんに与えた教訓の一つが何だったかについては、かなり確証を持って断言することができる。それは「熱帯に行け！」だ。

熊楠さんも愛読したベイツやウォレスといった生物学者は、アマゾンや東南アジアで調査をおこなうことで、学者としての訓練を積み、成果を挙げていった。なにより、ダーウィンその人からして、青年期のビーグル号での世界一周の旅行の経験が、その後の進化論を含む輝かしい業績の基礎となった。彼らのように熱帯の豊かな動物相や植物相を間近で観察することが、当時の生物学者にとっては欠かせない体験だったと言ってよいだろう。

スティアによるアマゾンや太平洋、東南アジアでの探検旅行は、こうした十九世紀の生物学の潮流に沿ったものだった。そして、その調査によって収集された動物・植物の標本を一般向けに展示していたのが、ミシガン大学博物館だったということになる。その成果を見て、熊楠さんもまた、熱帯で生物の観察・調査をおこなう必要があると考えたのではないだろうか。

そして実際、熊楠さんはこの後、ミシガン州を離れてフロリダからキューバという熱帯地域に、生きものを求めておもむくことになる。

10 フロリダ、キューバへの冒険の旅に出る

熊楠さんはミシガン州アナーバーで四年間ほど過ごした後、一八九一年四月二十九日にフロリダ州へと向かった。その背景としては、前章で触れたような熱帯の生きものへの憧憬があったはずである。ただ、直接の原因としては、シカゴのアマチュア植物学者のウィリアム・カルキンスと手紙を通じて交流したことが大きい。カルキンスは大佐として従軍した後、退役して弁護士を開業していた(図10-1)。その一方で、キノコやシダや地衣類などを集めるのが趣味だった。

カルキンスは、一八八六年から八九年にかけて『菌類雑誌』に「フロリダの菌類」という論文を十五回に分けて連載している。また、地衣類についてもこの頃さかんに論文を発表した。地衣類というのは、藻類と菌類が共生した生物だ。岩壁や樹木の幹に見ることのある、ペンキをぶちまけたようにびっしりついている緑色や赤茶色のものと言えばわかりやすいだろう。カルキンスは、冬の間の保養をかねてしばしばフロリダを訪れ、キノコや地衣類を採集していた。そこで、熊楠さんにもフロリダでの採集を勧めたというわけだ。

カルキンスは、シカゴからアナーバーの熊楠さんに、手紙や小包で何度もキノコや地衣類の標本を送ってくれた。フロリダ行きに際しては、採集用具を準備してくれたり、旅費の一部まで出してくれ

図 10-1　ウィリアム・カルキンス

たりした。だから熊楠さんも珍しそうな地衣類を見つける度に、フロリダからカルキンスの元に送り続けることになる。

当時、キノコや地衣類や、藻類、シダ、コケなどは、花をつけない植物として「隠花植物《いんかしょくぶつ》」と呼ばれていた。本書の第5章で見たように、熊楠さんは東京での学生時代に、アメリカのカーチスとバークレーが六千種のキノコを採集したことに刺激を受けて、それを超える七千種を集めることを目指したりしていた。だから、かなり早くから、隠花植物について関心を持っていたと考えてよいだろう。そしてその関心は、二十四歳の時のフロリダ行きをきっかけとして、大きく広がることとなった。

ただ、この時の熊楠さんのお目当ては、隠花植物だけではなかった。フロリダ半島のつけねの、言わば玄関口にあたるジャクソンヴィルにたどり着いた熊楠さんは、さっそく植物採集に取りかかっているが、花をつける植物の総称である「顕花植物《けんかしょくぶつ》」の方も数多く集めている。五月から七月にかけての日記は、さまざまな植物の学名で埋め尽くされていて、熊楠さんが熱帯の自然に魅了されていたようすがよくわかる。

この時の熊楠さんの座右の書だったのが、チャップマンの『南部諸州の植物』という本だ。日記によれば、熊楠さんはこの本を一八九〇年一月十四日にアナーバーで購入していた。「南部諸州」というのは、テネシー、ノース・キャロライナ、サウス・キャロライナ、ジョージア、アラバマ、ミシシッピ、フロリダの各州のことであると、表紙には書いてある。南方熊楠顕彰館所蔵、旧蔵書の冒頭の余白には熊楠さんが英語で書き込んだ跡が見られるが、その内容は次のようなものだ。

注記：✓を付けてある種や変種は、ボク自身が一八九一年の春から夏にかけて、フロリダや他の州で採集してコレクションにした。◯を付けてあるものは、以前に採集したり、購入したりしてコレクションにしたものだ。

この本の所有者、南方熊楠

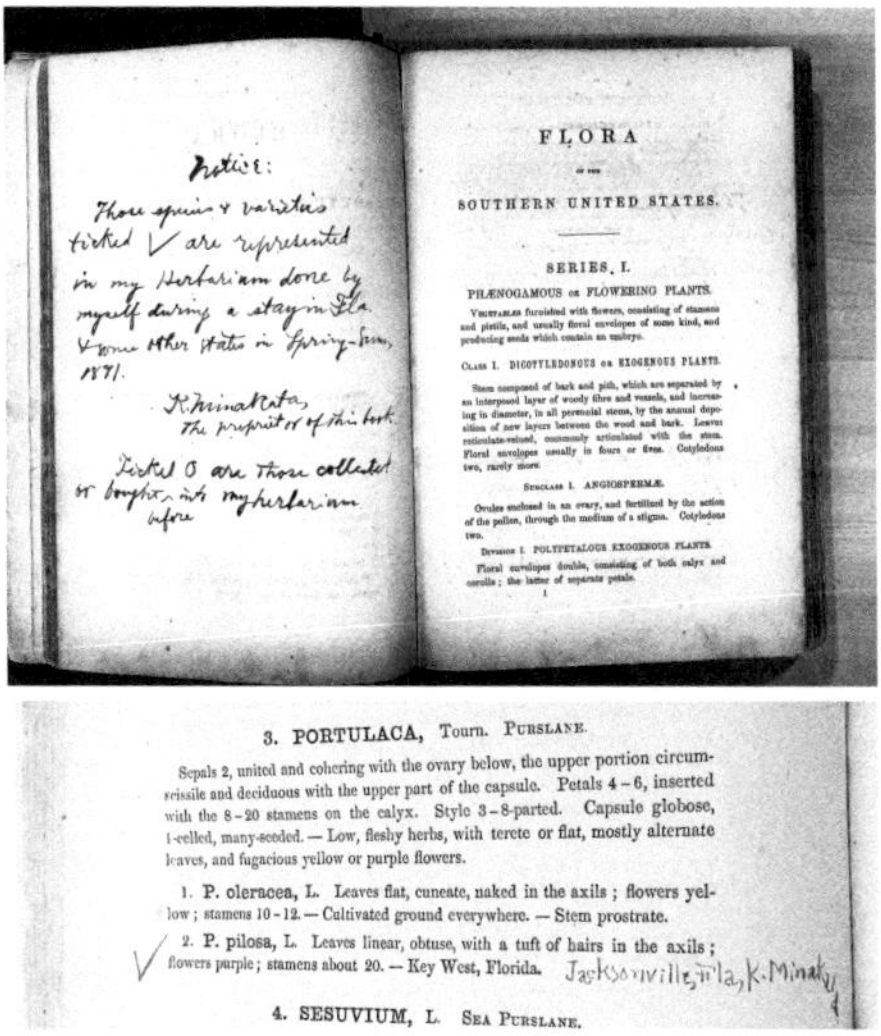

図10-2　熊楠旧蔵のチャップマン『南部諸州の植物』(南方熊楠顕彰館蔵)余白の「注記」(上)と本文中の書き込み(下)

この注記のことば通り、本の中には✓や◯の記号がたくさん入っている(**図10-2**)。そればかりではなく、熊楠さんが細かい文字で各項目に書き込んだ跡が見られる。つまり、チャップマンの本に載った植物を一つひとつ自分で採集して、その産地や形状を記録することで、熊楠さんは植物学を自修していったということになる。

具体的にどのような植物を集めていたかというと、ラテン語の学名を読み解かなければならないのでけっこう厄介だ。とりあえず例を挙げてみると、五月十日の日記にポーチュラカ・ピローサ(*Portulaca pilosa*)というのが出てくる。これはスベリヒユ科の多肉植物で、現在では日本にも園芸植物として入っていて、ヒメマツバボタンという和名がついている。砂地の上をはうように生育し、花は小さいが、ちょっと紫がかったピンクで輝くような美しさがある。熊楠さんの日記には、この花に関して、次のように補足されている。

右のポーチュラカ・ピローサは、チャップマンの『南部諸州の植物』にはキーウェストの産だと書かれている。ボクはこれを、このジャクソンヴィルの町はずれの鉄道の線路の間の砂地で採集した。ちょうど今、開花しているところだ。

フロリダ州北端のジャクソンヴィルに対して、キーウェストは南端に当たるから、この間はかなり距離がある。だから、チャップマンがキーウェスト産として記録したものについて、自分はもっと北の方で見つけたぞ、と熊楠さんは誇っているわけだ。ジャクソンヴィルの鉄道は熊楠さんの下宿からもわりと近く、かつ自然の只中にあったので、植物が見つけやすい場所だったのだろう。チャップマンの本のこの花の箇所にも、ジャクソンヴィルで採集したことが書き付けられている(図10-2)。

こうして、顕花植物も多く集めていた熊楠さんだが、当然ながら、キノコや地衣類や、他の隠花植物にも目を向けている。まず到着二日目の五月六日には「キノコ七品、地衣少し」を採集した。五月八日には、西の郊外に出かけてツチグリを採る。これは、地面から栗か柿が顔を出しているようなユニークなキノコだ。五月十四日にはリュウゼツラン科のユッカという植物に付くフンタマカビ綱のキノコを採る。七月二日に「多孔菌類」とあるのは、サルノコシカケのような堅いキノコのことだ。実は、五月十四日と七月二日には、キノコと一緒におもしろいものを採集している。それぞれ「ミセトゾア一種」「変形菌一種」と書かれているもので、つまり粘菌のことだ。熊楠さんといえば粘菌、というくらいに今ではその関心がよく知られているけれど、おそらく最初に本格的に意識したのは、この時のフロリダでの採集で見つけたことがきっかけだっただろう。日記の記述だと、キノコを探していて偶然見つかったという感じに読める。

その後、熊楠さんは粘菌のことについてずいぶん調べたようだ。翌年六月に日本の友人の羽山蕃次郎に送った手紙の中には、粘菌の生態について図入りで解説している部分がある。

> 右〔図10-3〕のように、キノコに似たもので「粘菌」というグループが、三百種ほどいるんだ。これはとってもけしからん奴で、(1)のように幼生の時には水中を動き回ってとんぼ返りなんかしている。だんだん集まって(2)のように痰のようなものとなり、アメーバみたいに動き歩く。獲物があるとすぐに食べてしまう。それからのち、それぞれ好き勝手に固まって、(3)から(7)までのように、いろいろ菌類みたいなかたちのものとなる。
>
> (『全集』七巻、九七頁)

図10-3 1891年6月21日付け羽山蕃次郎宛書簡に見られる粘菌の図(『全集』7巻, 97頁)

「とってもけしからん奴で」の原文は「はなはだ

けしからぬものにて」だが、何となく熊楠さんが嬉々としてこの生きものに取り組んでいる状況が想像できる。動物のような、植物のようなこの不思議な生命体は、当時から科学者の興味を惹いていたようで、熊楠さんは次のように付け加えている。

フリースをはじめとして、このグループは菌類だろうと思って、植物に分類していたのだけれど、最近では全然動物じゃないかという説が、確実なようだ（レイ・ランカスターの説では、最古の時代の生命というのはこんなものだったはずだという）。

（同前書、九七〜九八頁）

粘菌は本質的には植物ではなく、動物だという熊楠さんの理解は、この後もずっと続いた。一九二五年に即位前の昭和天皇に粘菌を献上した際、「粘菌は原始動物の一部」と書いたことを服部広太郎《はっとりひろたろう》に「原始生物の一部」と書き直されたことについて、かなり怒って抗議したりしている。ただし、ロンドンで、下宿を訪れた友人の福本日南《ふくもとにちなん》に粘菌の標本を見せたときには、「動植物の両性を具えて」いるとも言っていたようだ。日南の熊楠訪問記を引用してみよう。

〔熊楠さんは〕これが動植物の両性を具《そな》えている、しごく気まぐれな野郎であると、ピンセットを把《と》り出して、その一枝を摘《つ》み取り、これを水中に投じた後、顕微鏡を自分に与えて、サア視《み》ろと掛声《かけごえ》する。何だと目鏡《めがね》ごしに透視すれば、これは不思議、植物先生はノソノソと水底において匍《は》い出した。

（『南方熊楠百話』四七〜四八頁）

熊楠さんはここでも、日南に対して粘菌のことを「しごく気まぐれな野郎」と表現している。独特の言葉遣いだけれど、やはりよほど親近感を抱いていたことを意味しているのだろう。

こうしてジャクソンヴィルの自然の中で、さまざまな植物の採集をしていた熊楠さんだが、生活はどうしていたかというと、現地の中国人たちの世話になっていた。当時、労働者として大量にアメリカに流入した中国人たちは、ヨーロッパの白人中心のアメリカ社会の中で、激しい差別を受けざるを得なかった。ジャクソンヴィルには当時、いずれも男性の十数人の中国人移民がいたことが確認できるが、彼らは義理を重んじる結社的な組織を作って暮らしていた。

そこに熊楠さんのような日本人の青年がやって来た。そして同じ東洋人ということで、中国人たちに仲間に入れてもらっていたらしい。八月九日の日記には「夜、中国人のばくち打ちが集まってきた。ボクは酒をおごってやったんだ」などと書いている。中国人の結社はマフィア的なところがあり、賭博などの犯罪に関わることもままあった。熊楠さんは、権力に反抗して生きる悪漢たちを英雄として描いた明代の小説『水滸伝』を彼らと一緒に読みふけったりもしていて、けっこうウマが合っていたようだ。

その頃、熊楠さんは、隠花植物や他の生きものの採集のために、ジャクソンヴィルからさらに南方に行くことを企てていた。フロリダ半島の南部からカリブ海への旅だ。八月十三日に日本の友人に宛てた手紙では、次のように書いている。

ところでだね、ボクは今回、とほうとてつもないことを思いついたよ。まず、このフロリダ州から、スペイン領のキューバとメキシコ、それから場合によっては(ま、金があればだけどね)、ハイチ島からサン・ドミンゴ共和国まで行ってみたい。……まったく持病のかんしゃくみたいなもので、日本の学者が口ばかり達者で、足を動かそうとしないのをあざ笑ってやりたくて、自分が先頭を切って隠花植物を探索するというわけさ。顕微鏡二台と、本を少々、ピストルを一丁持って行く。その他に、捕虫器も用意しているんだ。
(『全集』七巻、八八頁)

実際には熊楠さんの旅は、フロリダ南端のキーウェストからキューバに渡り、そこで四か月ほど暮らした後、ふたたびジャクソンヴィルに舞い戻っている。まあ、本人も行く前から心配していたように、キューバから先の渡航費用が尽きたということなのだろうか。それでも当時の日本人としては大旅行だったことは疑いない。ピストル一丁は護身用だろうが、出発の数日前に中国人から購入したことが、日記には書かれている。さいわい、旅行中、実際に発砲しなければならないような危機はなかったようだ。

このフロリダ南部からキューバでの日々は、熊楠さんに熱帯の自然を満喫させたことだろう。主たる目的であった菌類や地衣類の他にも、熊楠さんはさまざまな植物や昆虫の観察と採集にいそしんでいる。たとえば、キーウェスト滞在中の一八九一年八月二十六日から二十八日にかけて、ナナフシが交尾しているのを、次のようにじっくりと観察することになる。

八月二十六日(水)半晴
海辺のくさむらの中を歩いて採集した。ヤシの枯れ葉の上に、ナナフシが二匹で交尾しているのを獲た。ちょっと見ると、枯れ葉のくずのようで、なかなか見分けがつきにくい。手につかむと、下半身をそり上げて、刺すふりをする。また、トラムシ〔ハンミョウ〕がアリを擬態しているのを得た。

八月二十八日(金)晴
夕方の五時すぎから海岸で採集して、菌類およそ十種、木の上の地衣類一種を得た。また、一昨日見つけたナナフシも多く得た。においがゴムのようで強烈だ。交尾しているメスとオスが急に離れて、その精液がボクの右目に入ってめちゃくちゃ痛かった。さいわい、近くの川の水で洗って、しばらくすると治った。帰り道がわからずに、二時間ほど迷って歩いた。帰ると九時だった。

ここで熊楠さんが「精液」と書いているのは、ナナフシが敵を驚かせるためにしばしば用いる白い噴射液のことだろう。いずれにしても、あまりに間近で眺めていたために、その液が目に入って七転八倒したようだ。またキューバ滞在中の十一月二十六日には、当地で採集したと思われる次の生き物のリストが記されている。

多足類一種、蜘蛛類三種、両翅類一種、半翅類十六個、直翅類十五個、鱗翅類五個、羅翅類一個、

網翅類五個、甲翅類四十個、計八十六個、蜥蜴類一種、両棲類二種、動物総計九十三種

この九十三種のうち、トカゲ一種、両生類二種、多足類一種、クモ三種を除けば、あとはすべて昆虫である。それぞれムカデ、クモ、ハエやアブ、カメムシ、コオロギやバッタ、蝶々、トンボ、カマキリやゴキブリ、甲虫、の仲間に相当すると考えられる。

実は、フロリダやキューバには、海洋生物や鳥類は多いものの、陸上の獣類は意外と少ない。その代わり、高温多湿の環境は昆虫にはもってこいで、珍しい種が生息している。だからこの旅行で隠花植物とともに、主に昆虫を集めていた熊楠さんの収集対象の選択は、当然と言えば当然かもしれない。他にも熊楠さんは、海岸でたくさんの小さな貝殻を拾っていたようで、南方熊楠顕彰館にはこの時の収穫物を収めた小さな小箱が残されている。

キューバでの熊楠さんは、巡業で回ってきたサーカス団と仲良くなったりもしている。このサーカス団には河村駒次郎という日本人の団員もいて、親しくしていたようだ。熊楠さんは後に、団員の間のラブ・レターを翻訳してあげた、などという逸話についても語っているけれど、ある程度は真実だろう。フランス語、イタリア語、スペイン語などは同系統の言語で、ヨーロッパでは全部話せる人も多い。熊楠さんは、英語以外はたぶん話すのは苦手だったけれど、独学の甲斐あって読み書きはけっこうできたはずだ。

さて、キューバでの熊楠さんの生活のハイライトは、新種の地衣類の発見だ。熊楠さんがキューバで採集した地衣類を、カルキンスは地衣類を専門とするフィンランドの植物学者のニランデルに送り、

これは新種と同定された。ニランデルはこの標本にギアレクタ・クバーナ(*Gyalecta cubana* Nyl.)と学名をつけている。一八九二年四月十八日消印のカルキンスからの手紙は、第一報を以下のように伝えている。

親愛なる南方様へ。私はたった今、ニランデル博士から手紙を受け取りました。あなたが私にキューバから送ってくれた標本を新種のギアレクタ・クバーナと名付けたそうです。私は、発見者はあなたであり、その正式な権利はあなたにあると書いておきました。

(『南方熊楠――複眼の学問構想』一六六頁)

実は、カルキンスは、ギアレクタ・クバーナを含むフロリダからキューバ産の地衣類数種について、一八九二年十月七日号の『サイエンス』誌に報告をおこなっている。現在でも『ネイチャー』と並ぶ科学誌とされる『サイエンス』は、ワシントンD・Cで一八八〇年に創刊されていた。しかし奇妙なことに、カルキンスはこの報告では熊楠のことには何も触れず、「私が発見した」とのみ記している。

以下の観察は、私が集めたあまり知られていない珍しい種のいくつかに過ぎない。そして新種として記録された私の発見も含まれている。ギアレクタ・クバーナ。これはフロリダのキー地方と本土、さらにキューバの石灰岩の上に産する。同定者はニランデル博士である。(同前書、一六七頁)

前出の手紙で「発見者はあなたであり、その正式な権利はあなたにある」と書いているにもかかわらず、カルキンスがこのような発表のしかたをしていることは少々不可解だ。一つの推測としては、旅行の費用の一部を出してくれていたカルキンスに対して、熊楠が発見者としての権利を譲ったということなのではないだろうか。対価を受けて珍しい植物を集めるような、まさに名もなきプラントハンターというのが熊楠さんの立場だったと考えるのは自然なことだ。

いずれにせよ、この新種の地衣類の発見は、ヨーロッパの植物学における自分の位置に関して、熊楠さんに教訓を与えてくれたと言えるだろう。植物学において命名者となるのはあくまでヨーロッパの学会に籍を置く植物学者であって、発見者ではない。熊楠さんがいくら熱帯で新たな地衣類を独力で見つけたからといっても、それは現地の人足に多少付加価値がついただけの存在に過ぎない。

熊楠さんはギアレクタ・クバーナについて後に「東洋人が白人の領地内で初めて発見したものだ」(『全集』七巻、一〇頁)と誇っているけれど、そうした西洋の植物学の世界の厳然たる秩序についてはよくわかっていただろう。キーウェストで書かれたカルキンス宛の手紙の下書きには、ヨーロッパに行きたいという意思がはっきりと示されている。その後、一八九二年八月の、友人の中松盛雄《なかまつもりお》に宛てた手紙に記した「(ボクが)むなしくフロリダの泥と砂の中に埋もれるのは、千年後までの歴史上の一大損失になるはずだ」(『全集』七巻、一一八頁)という言葉は、ヨーロッパに行かなければ学問の本流には参加できないという熊楠さんの覚悟を物語っている。

そして舞い戻ってきたジャクソンヴィルに半年間滞在した後、二十五歳の熊楠さんは英国に向かうことになる。その途中で、一八九二年八月二十六日にニューヨークの埠頭に到着した。宿泊したのは、ブロードウェイの北端にあるユニオン・スクエアの近くの角にあるホテル・アメリカというところだ。ここはスペイン人が経営しており、熊楠さんはハバナで紹介してもらっていたらしい。

熊楠さんがさまざまな生きた野生獣を、初めてその目で見ることになったのは、このニューヨークでのことだった。大都会では大型のけものを見世物として楽しむ大量の群衆を見込むことができるために、それらを一箇所に集めた動物園が存在し得た(図10-4)。欧米圏では、十九世紀の半ばに、ロンドン、ダブリン、アムステルダム、ベルリンなどに次々と都市型の動物園が誕生した。ニューヨークの中心部にある広大なセントラル・パークの一角に動物園が開園したのは、一八六四年のことだ。

図10-4　セントラル・パーク動物園で獣舎を見る人々，1895年(Sheier, p. 26)

ニューヨーク到着から三日目の八月二十八日のよく晴れた日曜日、熊楠さんはセントラル・パークをたずねた。現在も市民の憩いの場であるこの公園を、現在のニューヨーカーや旅行客たちと同じようにふらりと訪れたのである。当日の日記には、そのようすが次のように記されている。

> 午後、セントラル・パークに行って、動物園とアメリカ自然史博物館を見学した。帰り道で、また動物園に入ったら、巡査が呼び止めてきた。服が汚かったからだろう。この日見たのは、ゾウ、サイ、カバ、象狗〔?〕などだ。生まれて初めて、

じっくりと観察することができた。

巡査から人種差別を受けながらも、ゾウ、サイ、カバといった大型獣を生まれて初めて実際に見て、熊楠さんが興奮した様子がよくわかる。これらに続く「象狗」とは不思議な表現だが、鈴木滋氏の御教示によれば、岩狸《いわだぬき》目のハイラックスのことかもしれない。ハイラックスは体長四十〜五十センチメートルで一見ネズミのようだけれど、実は分類的にはゾウに近い動物だ。当時のセントラル・パーク動物園には、他にライオンやトラやヒョウやホッキョクグマもいたはずだが、これらにはふれていない。間近にはなかなか見られなかったのかもしれない。

動物園は広いセントラル・パークの中にあるとはいえ、この頃すでに過密化しつつあったニューヨークの集合住宅からごく近くに、猛獣を含むけものたちが常時住んでいるわけである。初期の頃は、近隣の住民から動物園の立ち退き運動が続けられていたという。

こうした対立を煽るかのように、一八七四年十一月九日の『ニューヨーク・ヘラルド』紙は「ライオン、サイ、ヒョウが逃げ出し、街中を徘徊し、四十九人が死に、二百人が負傷し、州兵が出動する事態となった」という記事を載せた。実は、これはまったくのでっちあげで、記事の最後にはウソであることが書かれている。とは言え、ニューヨークの人々は朝からパニックに陥ったらしいから、なんとも人騒がせないたずらである。

熊楠さんはその後、次の日曜日となる九月四日に自然史博物館を再訪し、この時は午後中じっくりと見学した。九月七日には友人とともにセントラル・パークに遊んでいるが、動物園を再訪したかどうかはわからない。九月十四日には、三週間のニューヨーク滞在を終え、大西洋を越えて英国のロンドンに向かうことになる。そしてロンドンでは、もっと本格的な動物園が、熊楠さんを待っていた。

第3部

熊楠さん、生きものを見つめる

11 ロンドン動物園で生命に対する思索を深める

一八九二年九月にニューヨークを出航した熊楠さんは、一週間かけて大西洋を横断し、リヴァプール経由でロンドンにたどり着いた。このとき二十五歳の熊楠さんは、その後、一九〇〇年九月、三十三歳のときまで八年間にわたって大英帝国の首都に滞在することになった。この間、大英博物館の充実した研究環境を十二分に活用したことはよく知られている。また、サウス・ケンジントン博物館（現、ヴィクトリア・アンド・アルバート美術館）や自然史博物館、キュー・ガーデンを利用していたことも、それなりに注目されてきた。

しかしロンドン滞在期の熊楠さんが、動物園をしばしば訪れていたことはこれまであまり語られてこなかったのではないだろうか。ここまで見てきたように、熊楠さんは野生獣の生態を知るために、動物園や博物館をうまく利用していた。実は、そのハイライトと言えるのが、八年間過ごしたロンドンの動物園での体験だった。日記によれば、ロンドン滞在中、熊楠さんが動物園を訪れたと確認できるのは計十八回に達する。

ロンドン動物園は、一八二六年に創立された動物学協会が、一八二八年に研究目的でリージェンツ・パークに開設したものだ。それまで王家や貴族の私《プライベート》的なコレクションとして生きた動物が飼われていたのとはちがい、これは世界最初の公的《パブリック》な動物園だった。その後、ロンドン塔にあった獣舎から動物が移管され、一八四七年から一般に公開されることとなった。一八四九年に爬虫類舎、一八五三年に水族館、一八八一年に昆虫舎と、すべて世界最初の施設をオープンさせた。まさに、動物園というものの歴史を切り開いてきた先駆的存在と言うことができる。

熊楠さんの日記にロンドン動物園のことが初めて登場するのは一八九三年四月三日のことだ。

中井氏夫人と中村錠太郎君の二人が訪ねて来た。一緒にリージェンツ・パークにある動物園及大英博物館(南ケンジントン)に行く。

中井夫人というのは、横浜正金銀行のロンドン支店長で、同郷の熊楠の面倒を何かと見てくれた中《なか》井《い》芳楠《よしくす》の妻のこと、また中村錠太郎はロンドン支店の行員だ。熊楠によれば、中村君は好学の人だった。「毎晩、事務仕事のひまに科学書を読んで、疑問があるとしばしばボクに訊いてきた。また時々、博物館に同行していろんなものを見た」(『全集』七巻、一五七頁)という。「大英博物館(南ケンジントン)」と書いている部分も本館ではなく、さまざまな生きものの標本が並ぶ自然史博物館のことだから、この日は動物三昧だったようだ。

その後も、熊楠さんは動物園には知り合いと連れだって行くことが多かった。日本人の友人が多いけれど、インドのバグダニという人や、下宿の子どものハーチーなどとも一緒に行っている。一八九七年に戦艦富士の乗組員たちと懇意になった際には、艦長以下を団体で案内したりもした。この頃は、ゾウに人を乗せるアトラクションや、楽団によるコンサートの日などもあり、遊園地的な側面もあったので、お客さんを連れて行くには格好の場所だったのだろう。

ただ、ロンドン時代の熊楠さんは、ともかくお金がなかった。食事を切り詰めて、ウサギの缶詰が安いというので、そればかり食べていた時期もあるくらいだ。大英博物館や自然史博物館は入場無料なので、自由に出入りできたけれど、ロンドン動物園は有料だ。そこで、大英博物館のダグラスや、自然史博物館のシャープといった館員に切符をもらっていたようだ。それも五枚、七枚と大口なので、おそらく博物館関係者は、動物園にも融通が利いたのだろう。

一八九八年から一九〇〇年までロンドン特派員として滞在した新聞記者の福本日南は、熊楠さんの旧友だった。熊楠さんは、福本をキュー・ガーデンや自然史博物館に連れて行って、植物学や動物学についてうんちくを傾けた。第10章で触れたように、自宅で粘菌の標本を取り出して、それが水の中で動くようすを見せたこともある。

この時のロンドンでの熊楠さんの下宿について、日南は後に次のように思い出して描写している。

その穢《きたな》いことといったら、無類飛切である。凹《へこ》んだ寝台に、破れた椅子、便器の傍には、食器が陣取り、掃除なんぞはいずれの世紀に試みられたか分らぬという光景であるが、感心であったのは、書籍と植物の標本とはほとんど一室を塡《う》めていた。

(『南方熊楠百話』四七頁)

熊楠さんが長く暮らしていた下宿は、「馬小屋の二階」にあったとされていて、こうした証言もあってか、マンガなどではしばしば貧民窟のように描き出されてきた。が、それはちょっと待って欲しい。この頃のロンドンでは、馬車は今の自動車のような役割を果たしていた。だからその「エンジン」としてのウマの需要は高く、市内のあちこちに「ミューズ」と呼ばれる馬屋横丁のような通りがあった。

熊楠さんの下宿もそうした馬屋街の一つで、たしかに地上階にはウマが入れられるようになっている。ただ、それは現代の車庫付きのビルのようなもので、近代的な都市生活の一部という意味合いでしかない。また英国式の住宅は下から「地上階《グラウンド・フロア》」「一階《ファースト・フロア》」「二階《セカンド・フロア》」と数えるので、「二階」と言うのは日本式の「三階」に当たる。一般に英国の建築は、数百年は保つのがあたりまえで、実は熊楠さんがロンドンで一番長く暮らしていた下宿先は、百三十数年経った今でも健在だ。

自動車の導入で馬車が廃れた後、こうした「馬屋街」は、むしろ大通りの喧噪から離れた閑静な住宅街として人気を呼んだ。熊楠さんの住んでいたところは、日本で言えばふつうの2LDKくらいの広さがあり、ロンドンの一等地に当たるために、今では「億ション」と言ってもよい価値があるだろう。まあ、熊楠さんの頃はそこまで行かなくても、そこそこ快適な下宿だったと考えてよい。ただし、熊楠さんが部屋を異様なくらい汚していたということはやっぱり事実で、日南の証言からも明らかだ。

さて、熊楠さんは日南が帰国する前に、ぜひロンドン動物園に連れて行きたい、と思っていたようだ。次のように手紙で語りかけている。

明日はぜひ君を連れて行くつもりで、動物園に行って、サルたちを整列させて帰ってきたところ

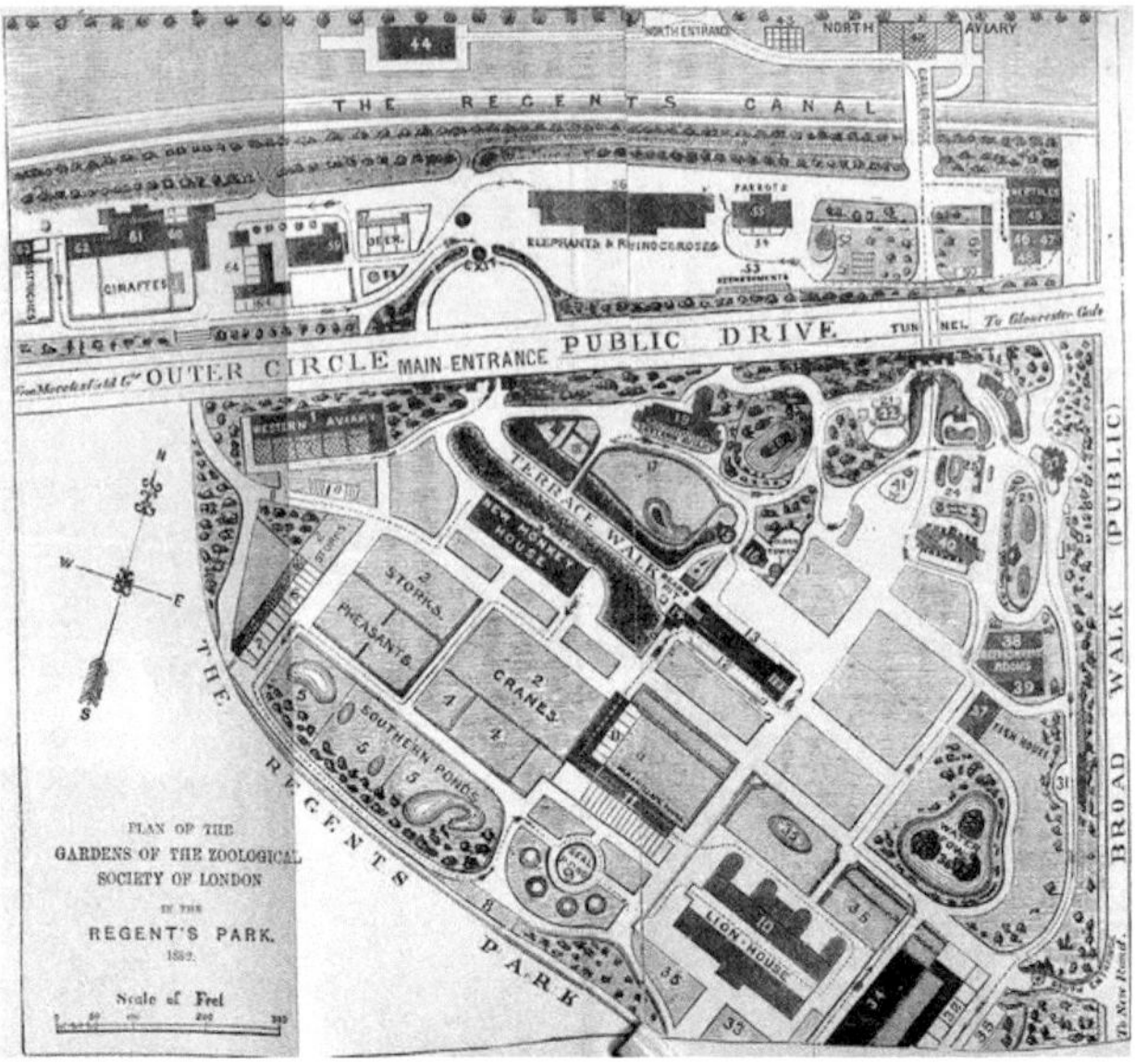

図 11-1　1882 年の園内マップ(Edwards, pp. 296-297)

だったよ。明日出発するというのはとても残念だ。……さいわい、動物園にいるライオン、トラ、キリン、ゾウ、カバ、河豕《カウイー》(?)の写真を入手したから、これと別紙のコンゴ国の切手を君の息子にあげたらいいよ。

(『南方熊楠百話』四八頁)

第5章で書いたように、熊楠さんが海外にいた頃、日本では上野動物園がさまざまな動物を飼育するようになっていた。だからトラ、カバ、ゾウは、そろそろ東京でも一般にお目見えしていたかもしれないが、ライオンやキリンはまだいなかった。そうした動物たちの写真を、日南の子どもにプレゼントしようという熊楠さんは、意外とサービス精神が旺盛だ。

では、熊楠さんが何度も訪れていた頃のロンドン動物園は、実際にはどのようなものだったのか。これに関しては、一八八二年の園内マップが残されており(図11-1)、当時の情景を再現するには都合がよい。残念ながら熊楠さんがいた一八九〇年代のものではないけれど、当時の園内のようすに関して、だいたいは推察することができるだろう。

まず、馬車が行き交う通りから、木立に囲まれたメイン・エントランスを入ると、正面にペリカンたちが迎えてくれる。このあたりは鳥類のエリアで、右手に大きな鳥かごがあり、その奥にはコウノトリの類、キジの類、ツルの類、ダチョウの類が、それぞれ大きな区画に飼育されていた。エミューやキーウィといったオセアニアから送られてきた鳥の区画もあったはずだ。鳥類の区画の真ん中あたりには小型や中型のサルを集めたモンキー・ハウスが配置されていた(図11-2)。ただし、飼育の難しい大型の類人猿などは、別にスロス・ハウスと呼ばれる北のエリアの建物に収容されていた。

図11-2 モンキー・ハウスを見学する人々. “The Cottager and Artisan” 1873

熊楠さんがいた一八九六年三月には、当時としては最大級のゴリラが仏領コンゴで捕獲されてスロス・ハウスに収容された。このゴリラは若いメスで、ジェニーと呼ばれることになった。しかし不幸なことに、五か月後の八月十六日には死んでしまった。この頃はヨーロッパでゴリラの飼育をすることは難しく、動物園に連れて来てはすぐに死んでしまうということが繰り返されていた。その後、一九〇五年になるまで、ロンドン動物園には次のゴリラは来なかったようだ。おそらく、熊楠さんがゴリラを見る機会はなかっただろう。

図 11-3　ディケンズの小説に登場する世間知らずの「カトル船長」のまねをさせられているチンパンジーのミッキー（1903 年）.（Edwards, p. 24）

その一方で、チンパンジーは訪問客に親しまれていたようだ。一八九八年四月六日には、ミッキーと呼ばれるオスが一頭、収容されている。ミッキーは小人症ですぐに死ぬんじゃないかと思われていたけれど、一九二四年六月七日まで、二十六年間にわたって長生きした。これは当時のチンパンジー飼育の最長記録だったという。ミッキーは人気者になり、時々は余興として人間のようなかっこうをさせられていた（図11-3）。

それにしても「サルたちを整列させて」と言っているくらいだから、動物園の中でも、サルたちは特に熊楠さんのお気に入りだったことがわかる。熊楠さんが、類人猿の習性を知るために間近で食い入るように観察していたことは、次のような文章からも明らかだ。

ある時、ロンドン動物園で飼っていたチンパンジーが、驚くほど人間に近いふるまいをするのを目撃した。それは若いメスで、気ごころの知れた飼育員が、大好物の米と肉のスープを混ぜたものをくれたので、ゆったりと食べていた。スープを吸い終わり、右手の指でその容れもののブリキの缶の底に残った米をすくって食べた後、その缶を持って遊ぼうとしたら、飼育員が返せと命令した。するとチンパンジーはすね始めて、空の缶を飼育員に投げつけて、寝床に飛び上がって、毛布で全身を隠してしまった。そのかっこうは、まるで甘やかされて育った人間の子どもそっく

りだった。（『全集』一巻、三六六〜三六七頁）

チンパンジーが飼育員に対して人間の子どものような振る舞いをする一部始終を、熊楠さんはずっと見ていた。このように、ロンドン動物園での熊楠さんは、けものたちの行動をかなり長い時間をかけてじっくりと観察したのだろう。

さて、園内の案内図に戻ろう。スロス・ハウスの向こうには、アシカの池があり、さらに先に歩いて行くと、動物園の中でも最高の花形と言うべきライオン・ハウスにたどり着く。もともとは外からこれらのけものたちを観察するような施設があり、「肉食獣長屋《カニヴォーア・テラス》」と呼ばれていたのだが、熊楠さんがロンドンに来る十年前の一八八二年に改修されて、近代的な獣舎になった（**図11-4**）。

図11-4　1895年，熊楠がいる頃に撮られたライオン・ハウスの内部(Edwards, p. 44)

当時のライオン・ハウスの写真を見ると、たて長の建物で、とても堅牢そうに感じられる。中には、十ほどのケージが並び、観客側には三段の階段とベンチが設けられている。ケージの中には、ライオンの他、トラ、ヒョウなどの肉食獣たちがいた。またその隣にはオープン・ケージがあり、外に出てくるけものたちが歩き回るようすを見ることができた。オープン・ケージの中のトラを前にした家族を描いたその頃の戯画（**図11-5**）には、次のような会話がキャプションとして付けられている。

図 11-5　当時のライオン・ハウスのオープン・ケージの中のトラのスケッチ．（Du Maurier）

兄「小さい部屋に押し込めておかないのはなぜ？　こんなふうに屋外におりがあるのはどうしてなの？」
妹「そりゃあ、トラさんが人間たちを見に来るためじゃない。あたりまえでしょ」。

（Du Maurier　引用者訳）

そのくらい間近で肉食獣を見ることができたということだろう。大衆向けの娯楽が増え始めていたヴィクトリア時代のロンドンの人たちにとっても、アトラクションとしては十分だったのではないだろうか。
熊楠さんがいた頃のライオン・ハウスは、とても活気に満ちていたようだ。一八九〇年九月十五日にナイジェリア北西部のソコトの町のスルタンからヴィクトリア女王に寄贈されたライオンはヴィクターと呼ばれ、一八九九年四月二十五日まで生きていた。一八九二年九月二十四日に収容されたメスのベンガル・トラは、一九〇六年二月二十二日まで生きて、十三年百五十二日という当時のトラの最長飼育記録を打ち立てた。
ライオンに関しては、アフリカ産のものだけでなく、インド・ライオンも飼育されていた。一八九五年二月にはイスラムの指導者アーガー・ハーン三世から寄贈されたものが収容されている。インド・ライオンはその後減少の一途をたどり、二十一世紀の現在では五百頭くらいしか生存していない絶滅危惧種だ。たぶん熊楠さんは、このあたりのロンドン動物園の肉食獣たちは、ひととおり見たことだろう。

さて、またまた案内図に戻ろう。ライオン・ハウスの背後には、カメ、ワニ、トカゲ、ヘビなどを収容した爬虫類舎《レプタイル・ハウス》がある。ここには、真偽は不確かだが一八一三年にマルキーズ諸島で捕獲されたという巨大なゾウガメがいた。これは一九〇〇年に死んだが、カメはさすがに長生きで、その後一九一四年一月十二日に購入されたピンタゾウガメという種類のものは、二〇一二年六月まで、百年近く生きていた。

この爬虫類舎の隣にはサウス・エントランスがあって、そこから出場することもできるが、時間に余裕があるのなら、それではもったいない。そこで引き返してふたたび肉食獣を横目で見ながら、園の反対側に向かうことになる。すると水鳥の区画の隣に水族館があり、そこを抜けるとカフェテリアに達する。さすがに英国だけに、多くの人がおそらく紅茶でティータイムを楽しんでいたことだろう。

さらに進んで、公道の下を通るトンネルを過ぎると、動物園の北側のエリアに出る。ここは、リージェンツ運河に沿った長細い区画で、まずカンガルーやウォンバットが迎えてくれる。そこからオウムなどの鳥かごの脇を通ると、ゾウとサイの獣舎だ。さらに進むと、ガゼル、キリン、バク、カバなどの区画が並んでいる。

熊楠さんの頃には、ゾウに人を乗せるアトラクションが大人気だったようで、一度に五、六人を乗せて歩くゾウたちの写真がたくさん残されている。が、ゾウ自身は背中に木箱の座席を乗せられることがいやだったらしく、しばしば抵抗した。一八八二年にインドから運ばれて主力として活躍したオスのジンゴというゾウも、最初の木箱を拒否したため、二つ目を作ったという。しかし、結局、人を乗せるのは危険ということで、ジンゴは一九〇三年にアメリカに売り払われ、その航海の途中に死んだ。

キリン舎は一八九二年三月にその時の唯一の個体が死んだ後、三年の間は空席だった。当時キリンは高値で取引されていて、またすぐに死んでしまうものも多かった。この状態は、一八九五年六月にメスのデイジーが到着することで解消される。デイジーは元気で長生きして、一九〇六年五月に死ぬまで、十一年間にわたって人々を楽しませた。しかしこの間には、一八九八年七月六日に九百ポンド(現在の三千万円程度)で購入したキリンが一か月で死んだりしている。その前年に来たものは、到着直後に死んだらしい。

そこへいくと、サイやカバは、相対的に丈夫だったようだ。一八八六年に西ベンガルのコーチ・ベハールの狩猟好きのマハラジャから寄贈されたサイのトムは、一九一一年十二月三十日まで生きていた。一八六七年頃に捕らえられて、一八七二年に動物園に購入されたメスのカバのベガムは、三十年以上生きて、一八九九年でも元気だったことが確かめられる。ちなみに熊楠さんも一八六七年生まれだから、ベガムとはほぼ同い年くらいだ。一八九二年七月五日に購入されたオスのカバのジュピターは、一九〇三年三月六日に死ぬまで、十四匹の子どもを残したという。

現在の目から見れば、当時の動物園はまだまだ飼育に関しては試行錯誤の段階だった。ある面では、動物に対して過保護になってしまっていたようで、熱帯産の動物のために室温を産地に合わせていて、常に暖房を入れていたようだ。熊楠さんは、そういう点にも注意を払っていて、後に一九二〇年の

「十二支考」「サル」の回では、次のように書いている。

ボクが海外にいた頃は、どの動物園でも熱帯産のサルやインコは、いつも人工的に暖めた部屋で飼っていた。でも最近ではやめたようだ。食べ物などに注意さえすれば、温帯の季節の変化にもなじんで、まったく健康に生きていくことができるというんだ。なにごとにつけ、あまり過保護にしない方がいいらしい。

(『全集』一巻、三五八〜三五九頁)

実は、ロンドン動物園がこの件に関する方針を変えたのは、熊楠さんが日本に帰国した二年後の一九〇二年のことだった。この時、動物協会の会長に就任したピーター・ミッチェルは、ハンブルク動物園での成功例を見て、熱帯産の動物の屋外での飼育が可能と判断した。そして、園内の施設の模替えを機に、熱帯の動物たちを温室から出したところ、問題なく生育したという。その後の獣舎は新たなデザインで作り替えられたようだから、熊楠さんのいた頃よりも、動物たちはさらに観察しやすくなったことだろう。

さて、ロンドン動物園の最後の草食獣のコーナーを出ると、ノース・エントランスに至ることになる。もちろん、出場だけでなく入場もできる場所だから、ここから入って逆回りに見て行くことも可能だ。いずれにしても、園内一周の全行程をきちんとたどれば、一日はゆうにかかったことだろう。

このように見てくると、当時のロンドン動物園の充実ぶりがよくわかるのではないだろうか。さすがは世界最古の動物園である。特に十九世紀後半、ヴィクトリア時代の英国は、「日の沈まない帝国」

として世界に植民地を広げていた。ロンドン動物園にも、ここまで見てきたように、アフリカやアジアやオセアニアなどから珍しい動物が集められていて、大英帝国の地球規模の覇権をいやがおうにも示していたと言える。

それでは、この動物園をめぐりながら、熊楠さんは何を考えていたのだろうか。ロンドン時代の熊楠さんは、他に大英博物館での筆写や『ネイチャー』などへの英文論考の投稿で忙しかったからか、動物園に関する記録はほとんど残していない。しかし、帰国後の一九〇二年四月二日付けの土宜法龍宛の手紙に書かれた次のようなことばからは、こうした動物たちを見ながら、熊楠さんが生命というものに対する思索を深めていたことがわかる。

霊魂界にいたっては、幾多の苦しみがそのまま至上の楽しみでもあるように見える。人間の世界の「楽」ということも「楽」とは言えないほどの「大楽」がある。中庭にねそべって戯れるトラやライオン、肉をむさぼり食うフクロウやタカ、妻を呼んで鳴くシカ、放心したかのようなアホウドリを見ると、混乱がそのまま整調であって、紛糾がそのまま条理につながっている。そんなようすを見る楽しみを、ロンドンの動物園を訪れた際にはいつも感じていたんだ。

（『熊楠研究』七号、一六九頁）

この時、熊楠さんは真言僧の土宜法龍に頼まれて、仏教的な観点から生と死の問題について考察していた。そんな中で、人間以外の生きものが、生きているということをどう主観的にとらえているのか、という問題を熊楠さんは想像しようとした。すると、ロンドン時代に動物園を歩きながらながめていた、肉食獣や草食獣や鳥類のことが、頭に浮かんできたのだろう。

そういう動物たちは、人間とちがって、死ということを考えないし、恐れない。彼らの世界は野生にいたならば生存競争の毎日で、食ったり食われたりを繰り返している。それは「苦」の連続かもしれないが、一瞬一瞬をとらえれば、無我夢中で生きている状態が生み出す「大楽」に近いのではないのか。そして、けものたちの行動自体は混乱したものだが、離れた目から見れば、それ自体が「整調」つまり秩序であり、「条理」つまりすじみちだと言ってよいと、熊楠さんは考えた。

ここで熊楠さんが使っている「条理」という言葉は、翌一九〇三年七月十八日の土宜法龍宛の手紙の中で「南方マンダラ」と呼ばれる図を書いた時に、「事理」として説明しようとしたのと同じ概念だろう。簡単に言えば、この世界を成り立たせているさまざまな現象の因果関係のすじみちということになる。そういう意味では、動物園のけものたちの世界もまた、熊楠さんにとっては一種の「動物マンダラ」として見えていたのではないだろうか。

12 ピーター・ラビットの作者とニアミスする

ロンドンでの熊楠さんの生活はけっこう多忙だった。一八九三年十月五日の『ネイチャー』に「東洋の星座」が掲載され、華々しくデビュー。その後も英語論文を投稿し続けた。同じ頃、大英博物館の学芸員で実質的な中心人物だったウォラストン・フランクスと面会し、東洋美術に関する仕事を手伝うようになった。そして一八九五年四月からは、博物館中央部にある世界最大級の図書館で「ロンドン抜書」と呼ばれる筆写を朝から晩までおこなうようになる。こと人文学の面から言えば、熊楠さんの生涯の中でも、最も活動的な時期だったと言えるだろう。

しかし、植物のフィールドワークという点に関しては、大都会ロンドンはとても満足な環境を与えてくれるとは言いがたい場所だ。実際、ロンドン時代の八年間、熊楠さんは実質的にほとんど本格的な植物の採集をおこなっていない。大英博物館への行き帰りにハイド・パークでキノコを採ったりはしているが、あまり成果はなかったようだ。こうした期間は、常に植物や昆虫に囲まれ、観察と採集に暇のなかった熊楠さんの生涯の中では他には例がなく、唯一の空白期とさえ言える。

そんな中で、一八九八年の秋にロンドン郊外のエッピングの森を訪問したことは、脳裏に深く刻まれた体験だったようだ。当時、熊楠さんは友人のアーサー・モリスンから、エッピングの森近くにある自宅に来ないかと誘われていた。十月四日付けのモリスンから熊楠さんへの手紙には、「私自身は菌類学については何もわかりませんが、エッピング・フォレストにたくさんキノコが生えていることは確かです」とある。たぶん、熊楠さんは郊外でキノコの採集をしたいと考えて、問い合わせていたのだろう。

モリスンは探偵小説を得意とした作家で、その作品の主人公は、一時はシャーロック・ホームズのライバルと呼ばれたほどだった。また日本美術のコレクターでもあり、熊楠さんとはそうした縁で知り合ったようだ。一八六三年生まれだから熊楠さんより四歳年上で、さまざまな面でたいへんよく面倒を見てくれる兄貴分だった。気取らない人柄で、熊楠さんは日本に帰国するまでモリスンが有名作家であることに気づかなかったくらいだ。

結局、モリスン宅を訪れるというこの計画は、十月二十四日に実行に移されることになる。その日のようすは、熊楠さんの日記に以下のように記されている。

十月二十四日(月)曇り

朝九時すぎに自宅を出て、南ケンジントン駅から地下鉄でリヴァプール・ストリート駅の停車場に行く。マンションハウス駅から歩いている間に、(十時十分の汽車に)遅れてしまった。それで、十一時十一分の列車で出発し、スネアズブルック駅で馬車に乗り換えて、十二時すぎにラウトンに到着。するとアーサー・モリスンさんがまだ待っていてくれた。

熊楠さんはロンドンの大都会の交通網を乗り継いで、郊外のラウトンまでたどり着くことになったのだが、午前九時過ぎから正午過ぎまで三時間もかかったのは、乗り換えの不手際のせいだろう。なるほどラウトンは熊楠さんの下宿から見てロンドンの反対側にあるけれど、直線距離で三十キロもないので、きちんと乗り換えれば一時間半くらいで行けたはずだ。

日記の続きの部分を読むと、ラウトンでの行程は次のようなものだったことがわかる。

> 彼〔モリスン〕の家に行って、ランチを食べて、珍しい絵画を見た。その後、森〔エッピングの森〕の古城の跡を見学した。それから駅に着いて、散歩しながらいろいろ話して、七時すぎの汽車で出立した。

図 12-1　エッピングの森に向かう道沿いに見られる巨樹(2009 年筆者撮影)

エッピングの「古城」というのは「ラウトン・キャンプ」と呼ばれるもので、周囲を溝で取り囲んだ紀元前五世紀以前の鉄器時代の遺跡だ。その頃から聖域だったこの地域は、アングロ・サクソン時代(五〜十一世紀)に一度樹木を切られているが、その後は保存されて現代まで残っている(**図12-1**)。一八五一年、エッピングの近くの森の樹木を伐採して農地にしようとする計画が持ち上がった際、これを阻止するための保護運動が始まった。

当時の英国では、ロイヤル・フォレスト、つまり王家の狩猟のための森が富裕な地主に払い下げられたことにより、広大な土地が囲い込まれていた。これに対して、市民の自由な出入りの権利を守るための活動が始まる。自然環境を人々の公共の場として保護するこの活動は、オープン・スペース運動と呼ばれて、一八六〇年代から七〇年代に広がった。その後、このやり方は二十世紀に入る頃から、人々が保護の対象となる土地を少しずつ買って、多くの市民が共同で所有する形式のナショナル・トラスト運動へと発展していくことになる。

エッピングの森については、すでに一八七八年に人々の遊びといこいの場として、森を保全することを取り決めた条例が施行されていた。だから、熊楠さんがここを訪れた一八九八年には、エッピングの森は一般市民のための場所として、ロンドンの人たちの間で定着していただろう。

このことがなぜ重要かと言えば、自然保護についての熊楠さんの考え方に影響を与えたと考えられるからだ。熊楠さんは日本に帰国して、和歌山県の田辺に定住した後、明治政府の神社合祀令によって近隣の森林が伐採されていくことに憤った。そして、数年間にわたり、激烈な反対運動をおこなうことになる。この神社合祀反対運動について研究している武内善信氏が指摘して以来、エッピングの森を訪問したことが、その後の熊楠さんの自然保護活動につながるという見方は定説となっている。

この説を裏付けるように、熊楠さんは神社合祀反対運動に関して書いたほぼ最初の意見表明の文章で、エッピングの森のことを紹介している。

ロンドンは世界一の都だけれど、汽車で一時間も行けば、有名なエッピングの森などがある。ここは巨木が天空を支えているようにそびえ立ち、昼間でも暗く、古い教会はツタに壁を覆われている。来訪者は秋の日の晩鐘に悲哀を感じ、清らかな水が深く湛えられていて、浮き草がよるべない人の世の定めを示している。沢のシカが落ち葉を踏むのが聞こえ、鳥の声さえきれぎれだ。ボクは英国に九年いる間に、一度この森の近くに住んでいたアーサー・モリスンさんを訪ねて、連れだって樹齢四、五百年の古い木ばかりのカシワが並んで生えている樹間を散歩したことがある。……ロンドンのホコリだらけの空気に汚れきった自分の内臓を吐き出して、洗い終わってまた飲み込んだような気持ちがした。

（「神社合祀反対意見」『牟婁新報』一九一〇年二月二十一日）

大英帝国の首都ロンドンは、当時世界一の文明都市だった。十八世紀の産業革命を経て、ロンドンとその周辺には工場の煙突が建ち並んでいた。地下鉄が開業したのは一八六三年だから、まだ江戸時代のことだ。こうした工業化と都市化は、大英帝国に空前の繁栄をもたらしていたのだけれど、一方では公害問題も生じていた。「霧の都」といえばロマンティックだが、要は煤煙で街中がけぶっていた、ということだ。

熊楠さんと入れ替わるようにしてロンドンにやって来ることになる夏目金之助、後の漱石も、ロンドンの大気汚染について日記に記している。現代語訳して紹介すると、「ロンドンの町で霧が出る日に、太陽を見ればよい。黒赤くて血のようだ。トビ色の地に血を使って染め抜いたような太陽は、ここに来なければ見ることができないだろう」（岩波書店『漱石全集』一九巻、四三頁、一九九九年）。つまり工場からの大気汚染によって、太陽さえどす黒い色に変わっていたということだ。そして次のようにも書き付けている。

ロンドンの町を散歩して、ためしにタンを吐いてみればよい。真っ黒なかたまりが出てくるのに驚くはずだ。何百万人もの市民は、この煤煙とこのチリやホコリを吸収して、毎日自分たちの肺臓に染みこませている。我ながら、鼻をかんだりタンを出したりする時は、ちょっと引いてしまうくらい気味が悪いよ。

（同書、四四頁）

熊楠さんも、ロンドンの生活環境の悪さは、日々感じていただろう。東京大学予備門の同期生だった漱石の文章を踏まえると、熊楠さんがエッピングの森での自然体験を「自分の内臓を吐き出して、洗い終わってまた飲み込んだような気持ち」と表現しているのもよくわかる。続けて熊楠さんは、ではなぜこのような森が保全されているのか、という点について疑問に思ったようだ。そこでモリスンにその理由について聞いてみることにした。

とても不思議に思ったんだ。英国人のように計算高くて、自然を開拓することに熱中する国民が、この大都会の間近にこんなものさびしい天然の森を、太古のままに放置しているのは驚きだからね。そこでわけを聞いてさらに驚いたことには、この森の保存会があって、現在多方面で活躍中の天下の名士であるアヴェリー卿を総裁として、各界の名士がこぞって会員になっているそうだ。落ちた一つの枝も、じゃまな一本の幹も、取り除くためには一大案件として厳重に審査しなければばならない。この大きな森に生じる菌類の調査を専門としているウールホープ・クラブなども、昔から活動を続けていて、学界に多大の貢献をしている。

（前掲「神社合祀反対意見」）

では、エッピングの森を自然保護運動の手本としたとすれば、なぜ帰国後の熊楠さんは、日本の「神社」というものの重要性に着目したのだろうか。実はそのヒントが、エッピングを訪れるひと月前に、熊楠さんがブリストルでおこなわれた英国科学振興会で代読により発表した「日本のタブーシステム」という論文にある。この論文の主旨は、日本の神道はその全体が禁忌、つまりタブーの集合のようなもので、そのことが多彩な文化を育むのに役立ったというものだ。

タブーというのは、生活の中での禁止事項をとりきめたものだけれど、それは周囲の環境に気を配る姿勢につながる。特に日本では、自然との関係の中で、人がしてはいけないこと、入ってはいけない場所が厳しく決められてきた。そこで「遠い祖先の時代から祀られてきた神社や森、川、山々、岩屋などを心のよりどころとすることは、東洋でも類をみない繊細な文字文化が生みだされる上で、強い方向づけとなった」（『南方熊楠英文論考［ネイチャー］誌篇』二六五頁）と熊楠さんは結論づけている。

一九〇〇年九月に英国から帰国した後、熊楠さんは和歌山県南部の那智の森での植物採集三昧の生活を続けた。そして一九〇四年末に海に開けた町、田辺にたどり着いて、そこで暮らし始めるようになる。一九〇六年には結婚し、二人の子どもをもうけ、一九四一年に自宅で亡くなるまで、前半生とはうって変わった定住生活を送ることとなった。田辺での生活は、周囲の山林で粘菌やキノコや藻類を採集し、スケッチしながら、民俗学の論文を英国や東京の出版社に送り続けるという、学問的に充実したものだった。

そんな熊楠さんの生活をかき乱したのが、一九〇六年に明治政府が出した「神社合祀令」だ。神社合祀令によって、自分が研究を続けてきた森の中のさまざまな生命が、ある日突然破壊し尽くされてしまうという事態に直面して、熊楠さんは激しく憤った。そして地域の住民と協力して、地方新聞に投書したり、国会に働きかけたりして、抵抗運動を続けることになる。

神社合祀反対を訴える際に、熊楠さんは「生態学」を意味する「エコロジー」ということばを使って、神社林を伐ることによって引き起こされる深刻な環境破壊について論じた。このことは、現在の目から見て、世界の自然保護運動の歴史の中でも特に先駆的なものとして評価されている。

さて、そういう熊楠さんの活動を世界的な観点から比較検討するために、ここではピーター・ラビットに登場してもらうことにしよう。

え、ピーター・ラビット？ と思った人も多いかもしれない。愛くるしいすがたが人気のピーターうさぎとその仲間たちは、反対に中年以降の見た目はとてもむさくるしい(失礼)熊楠さんとは、一見無縁のように思われる。

しかし、実は英国でピーター・ラビットが生まれた背景には、熊楠さんの活動に通じるものがあった。より明確に言えば、ピーター・ラビットの作者であるビアトリクス・ポターという人は、熊楠さんととても似た人生を送った人なのだ。外見はまるきりちがうのだけれど、この二人の人物の生涯は、根幹の部分で驚くほど共通している(図12-2・3)。

まず、ポターは一八六六年七月生まれで、熊楠さんより一つ年上、ほぼ同い年だ。そしてロンドン

図 12-2　ビアトリクス・ポター

では、二人は直線距離で二キロくらいの場所に住んでいたご近所さんでもあった。二人とも、自宅の近くにある自然史博物館にちょくちょく出入りしていたから、すれちがうことも結構多かっただろう。ただし、社会的な立場はまったくちがっていたので、おそらく話をする機会はなかったのではないかと思われる。

　ポターの父は大工場の経営者で、階級社会の英国では「アッパー・ミドル」と呼ばれるような富裕層の人だった。ポターは、ヴィクトリア時代の良家の息女の慣習として、学校には通わずに、ガヴァネスと呼ばれる女性家庭教師の下で教育を受けた。自宅にこもりがちで、遠出と言えば一家で夏休みに過ごすスコットランドでの別荘生活が唯一のものだったという。

　ところが、自然に囲まれたそのスコットランドでの生活は、ポターに大きな影響を与えた。別荘近くに住む郵便配達夫で、アマチュアの植物学者であったチャーリー・マッキントッシュに文通を通じて指導してもらいながら、ポターは次第に菌類の研究にのめり込んでいく。
後に子ども向けの絵本とは思えない緻密な自然描写で知られることになるポターは、昆虫や草花などの多くの博物学的なスケッチを描いた。十代の頃に、顕微鏡を用いて、昆虫の各部分についてたんねんに筆写した絵なども残っている。マッキントッシュの指導を受けて専門的に研究したキノコのスケッチは、科学的な正確さを追究するとともに、独特の躍動感を感じさせるものだ（**図 12-4**）。
ポターの菌類研究は本格的で、関連の研究者との交流も持っていた。キノコ以外の隠花植物に関しても考察していて、地衣類は菌類と藻類の共生したものであることを見抜いていた。このことに関しては、ポターが最初の発見者ではないものの、先行研究に頼らずに自力で見出していたことは驚きだ。ロンドン大学副学長であった叔父のヘンリー・ロスコーは、ポターの研究を評価していて、研究の道に進むことを応援してくれていた。

その若き菌類学者としてのポターのハイライトが、三十一歳、一八九七年のリンネ協会での研究発表だった。しかしこの発表は、女性を会員として認めないという当時のリンネ協会の規則から、本人ではなく男性の代読によっておこなわれた。結局、両者の行き違いから論文は学会誌に掲載されることなく、ポターの研究は公式には日の目を見ることはなかった。ちなみに、リンネ協会が女性を受け入れるようになるのは、それから七年後の一九〇四年のことだ。

同じ時期に、サウス・ケンジントンから大英博物館に日々通いながら学究生活を送っていた熊楠さんも、試練に見舞われることになる。ポターがリンネ協会で論文を代読された一八九七年に、熊楠さんは館内の閲覧室で他の利用者に殴りかかるという問題を引き起こした。暴力行為に関しては、弁護の余地はないけれど、熊楠さんはこの時の乱暴の原因として人種差別があったことを訴えている。

図 12-3　ピーター・ラビット（『ベンジャミンバニーのおはなし』より，The Gutenberg Project）

翌年にも閲覧室で騒動を起こした熊楠さんは、大英博物館を追放されてしまう。その後は、下宿近くのサウス・ケンジントン博物館と自然史博物館で「ロンドン抜書」の続きを作成したりもし

図 12-4　ポターの描いたベニテングダケ(Jay, et al. p. 195)

ているが、だんだんと生活的には追い詰められていく。英国の研究機関に職を得ることを望んでいたが、実現することはなかった。そして、実家からの仕送りの停止もあって、ついにロンドンでの生活をあきらめ、一九〇〇年九月に日本に帰国することになる。

一方、リンネ協会での一件に失望したポターは、その後、菌類研究に対する情熱を失っていった。それまでに描きためていたキノコのスケッチやその他の生物学研究の成果も、生前はほとんど公開されることがなかった。その一方で、友人の娘宛の手製の絵はがきに描いていたピーター・ラビットの物語が知り合いの編集者の目に止まり、一九〇一年に出版。こうして絵本の世界に転進し、一躍、世界的なベストセラー作家となった。

その頃にはすでにイギリスを離れて帰国していた熊楠さんは、そんなことは知りもしなかっただろう。ピーター・ラビットについては、たぶん生涯見たことも聞いたこともなかったのではないだろうか。しかし、ポターと熊楠さんの人生がまるで軌を一にするかのように重なっていくのは、実はここからだ。

一九〇一年から一九〇四年にかけて、熊楠さんは那智山中にこもって、ひとりさびしい生活をしながら森林での採集と図記をおこなった。その中心となったのがキノコで、生涯で約三千五百枚のスケッチを残している。熊楠さんのスケッチを見ると、ポターと同じ種類について描いているものも多く見られる。ただしタッチはかなり異なっていて、どちらかと言えば熊楠さんの方が繊細で、ポターの方が大胆に描いている。また熊楠さんは英語でそれぞれのキノコの形状の特徴を詳しく書いていて、図も平面的に説明しているような感じだ（図12−5）。それに対して、さすがにポターは画家らしく、正確でありながら立体感をもって描いている（図12−6）。

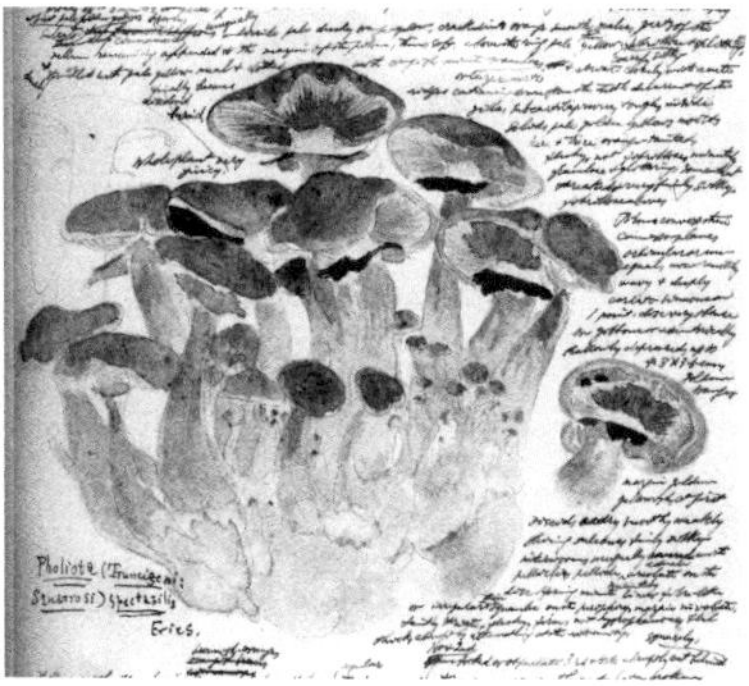

図 12-5　熊楠の描いたオオワライタケ（1924 年）（『南方熊楠菌類図譜』35 頁）

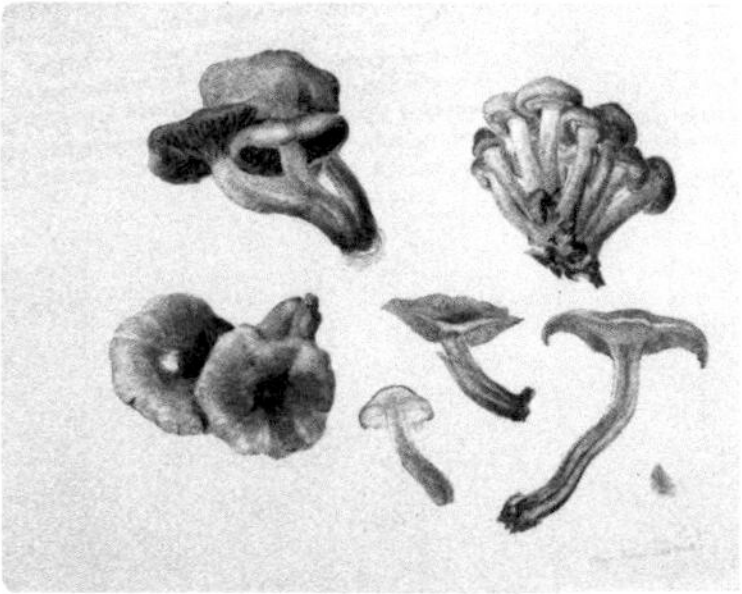

図 12-6　ポターの描いた同種のキノコ（1893 年）（Jay et al. p. 35）

熊楠さんは田辺で一九〇六年に結婚するが、ポターもその前年の一九〇五年に一度婚約を経験した。しかし、婚約者はプロポーズの一か月後に急死してしまい、ポターはその痛手をいやすために、湖水地方のヒル・トップと呼ばれる農場を買い取り、そちらに移り住むようになった。その後、新たなパートナーを見つけ、ピーター・ラビットの印税が入るたびに、自然環境を保全することを目的として近隣の不動産を買い足していった。湖水地方の彼女の自宅とあたりの風景は、今日、英国における自然保護運動のシンボルとしての扱いを受けている。

一方、熊楠さんは、一九〇四年に田辺に移り住み、明治政府が発令した神社合祀令に対して、一九〇九年から反対運動を開始した。ポターが湖水地方に移り住み、ナショナル・トラスト運動への強力な肩入れを始めたのと、ちょうど同じ時期のことと言える。熊楠さんが昭和天皇に生物学に関しての「ご進講」をおこない、熊野の自然を守るための拠点と位置づけた神島《かしま》に招いたのが一九二九年。その年、ポターは四千エーカーという広大な土地を買い取ってナショナル・トラストに寄付した。熊楠さんは一九四一年、ポターは一九四三年に亡くなるまで、それぞれの地で自然と人間の共生をめざす活動を続けた。

ポターと熊楠さんが、二人とも菌類の研究を志したこと。女性と東洋人という当時の西洋の学界の異端者として、能力を持ちながら学者としての栄達を拒まれたこと。絵本作家と民俗学者という当初の目的とは少しちがうかたちで成功を収めたこと。そして何より、そうした経験に学びながら自然環境の重要性に気づき、人と生きものの共生をめざそうとしたこと。こうした共通性は、けっして偶然に生まれたものではなく、世界史的に見て起こるべくして起こった共鳴現象だと言える。

ポターがナショナル・トラスト運動の一環として保護した湖水地方の丘陵と、熊楠さんが神社合祀反対運動によって守ろうとした熊野の森林。それらは、英国と日本で将来に伝えられるべきものとして残されることとなった。その価値は、もちろん多様な生きものが共存する自然遺産としてのものだが、それを人間がどのように解釈して残す努力をするのかという点において、文化遺産としての意味も大きい。

13 那智の森の奥深くへわけ入る

ロンドンでの生活をあきらめて、熊楠さんが日本に帰ってきたのは一九〇〇年十月、三十三歳のときのことだった。十九歳でアメリカに渡ってから、実に十四年が経過していた。

その間に父弥兵衛、母すみは亡くなり、弟の常楠が家業の造り酒屋を引き継いでいた。さいわい、東京専門学校(後の早稲田大学)出身の常楠が、大隈重信から「世界一統」という屋号をつけてもらった家業は順調で、南方家は安泰だった。が、渡航前とは様変わりした実家の中に、兄とはいえ、長い時間を海外放浪で好き勝手に過ごしてきた熊楠さんの居場所はなかった。

熊楠さんは、ロンドンを去る前に、自然史博物館で館員のジョージ・マリーから日本での隠花植物調査を勧められていた。その助言に従って、帰国した熊楠さんは、さっそく紀伊半島の隠花植物の採集に取りかかっている。しかし、温暖多湿なこの地域の生物相は、熊楠さんが当初考えていたよりもずっと豊かなものだったようだ。この頃の日記には、調査をしている期間に集めるべき隠花植物の目標数が増えたことが記されている。

つまり、一九〇〇年十一月二十二日の段階では「紀州隠花植物の予定」として数えられているのは「粘菌十、キノコ四百五十、地衣類二百五十、藻類二百、シャジクモ(淡水藻の一種)五、苔類五十、蘚類百、計千六十五」だった。それが翌年四月十四日には「所期数」として「藻五百、地衣五百、キノコ二千、蘚三百、苔千、計三千四百」となっている。ちなみに「蘚」も「苔」もコケの仲間だけれど、全体に堅い感じの「蘚類」と柔らかい感じの「苔類」に分類される。いずれにしても、熊楠さんは紀伊半島の隠花植物を網羅的に集めようとして、最初に考えたよりも三倍以上の数が必要なことに気づいたということだ。

そこで、熊楠さんは和歌山市の実家の居心地の悪さもあって、帰国後一年ほどして那智・勝浦に向かうことになる。地図を見ればわかるけれど、近畿圏の周縁に位置する和歌山市とちがって、那智・勝浦は巨大な紀伊半島の南の端の方にある。むかしから「熊野」と呼ばれて多くの巡礼者を受け入れてきた聖域のまっただ中、という感じだ。

勝浦には、父が興した実家の南方酒造の販売店があり、熊楠さんはそこに身を寄せながら周辺の生物を調査しようと考えた。そして一九〇一年十月三十日、単身、勝浦行きの船に乗り込むことになった。当時、和歌山からは、巨大な紀伊半島をぐるっと半周するほぼ一日がかりの船旅だ。船は夕方に出航したけれど、あいにくこの夜は波がたいへん荒く、熊楠さんはまったく眠れなかったようだ。

その行く先で熊楠さんを待ち受けていたのは、人の手がほとんど入らない原始のままの姿で残されていた熊野の森林だった。数千年の間に老大樹から寄生植物、隠花植物、昆虫、動物たちがつくり上げてきた複雑で精妙な生命の世界が、熊楠さんの眼前に繰り広げられていた。一九〇二年一月に海辺の勝浦から山中の那智に移動した熊楠さんは、途中、歯の治療のために和歌山に戻った時期を除いて、一九〇四年十月まで大阪屋という旅館に滞在を続ける。そして、読書と論文執筆の合間を縫って、那智の滝の周辺一帯に広がる原生林の世界を逍遥することになった。

このときの熊楠さんの感懐を述べた文章が、晩年に書かれた「履歴書」と呼ばれる文章の中にある。

その頃は熊野の天地は、日本の本州にありながらも、和歌山などとは別天地だった。蒙昧《もうまい》と言えば蒙昧だ。でもその蒙昧であることが、この地が科学のためにきわめて重要なゆえんでもある。ボクはそれから今まで、ずっと熊野にとどまって、おびただしい数の生物学上の発見をしてきた。

（『全集』七巻、二八頁）

この文章の中では、「ずっと熊野にとどまって」というくだりも重要な意味を持っている。これが書かれたのは一九二五年で、すでに熊楠さんが田辺に居を定め、家庭を持ってずいぶん経ってから後のことだ。そうした田辺定住後の自分の状況についても、熊楠さん自身は一九〇一年以降、「引き続き熊野にとどまっている」という認識を持っていたことになる。つまり熊楠さんの人生は、三十四歳のときの勝浦行きを転機として、それ以降は常に熊野というフィールドの中で生きていくという、強い意志に支えられたものであったと言える。

それは「蒙昧」、つまり未開な熊野の風土が、熊楠さんにとって生物学のためには格好の対象となったからだった。熊楠さんは、「履歴書」の続きの部分で、粘菌、キノコ、淡水藻についての調査の例を挙げて、熊野での自分の生物学上の成果について語っている。そうした隠花植物に関する熊楠さんの関わり方について、順々に見ていこう。まずは「粘菌」についてだ。

例を挙げると、今、ボクの唯一の専門のように国内外の人が考える粘菌などは、東大で草野博士が二十八種ほど集めただけだったのを、ボクが百十五種ほどに日本の粘菌の総数を増やした。その多くは熊野の産だ。そして、知り合いのアマチュア学者の発見もあって、特にここ数年は小畔《こあぜ》君が発奮して一心不乱に採集したことで、現在の日本の粘菌の総数は百五十以上になった。まずは英米の二か国を除けば、他の国には見劣りはしないようになった。（同前）

ここで出て来る「小畔君」というのは、日本郵船でビジネスマンとして長年活躍した小畔四郎のことだ。この人は熊楠さんよりは八歳年下で、植物学を趣味としていた。一九〇二年の冬に那智で野生のランの採集をしていたときに、偶然、熊楠さんと出会った。その日の熊楠さんの日記によれば、次のような状況だったという。

一月一五日。晴れ。朝は宿にいた。午後から那智の滝に行く。越後の長岡の人、小畔四郎君に会った。話をしていると、共通の知人がたくさんいることがわかった。一緒に那智の観音に参って、お堂の前の鳥石という骨董店の主人を訪ねた。それから宿に帰って、一杯飲んでから歩いて井関に至り、車夫の宿でまた飲んだ。小畔君は先に待たせておいた人力車に乗って帰った。

那智の滝は落差百三十三メートル、滝壺の深さが十メートルという日本一の景観を誇っている。二人はこの滝から少し歩いて下ったあたりで出くわして、やおら話し始めた。二人が詣った「観音」というのは、那智大社に隣接する青岸渡寺《せいがんとじ》のことだ。その門前の鳥石という骨董店は中川良祝という人物の店で、二人は歓待を受けたという。そこから熊楠の宿である「大阪屋」に行って一杯飲んで、山を下った井関という集落の人力車夫の宿でもう一杯飲んだということになる。すっかり意気投合したことがうかがえる記述だ。

この後、小畔四郎は熊楠さんの粘菌研究の協力者として活躍するようになる。小畔は仕事の関係もあって、日本国内のあちこちに出張を繰り返していた。さらには、外地の朝鮮や台湾などに行くこともあった。そうして田辺からほとんど外に出ない熊楠さんのために、各地を訪れる度に、粘菌などの植物を採集し、郵送してくれた。だから熊楠さんは「履歴書」の中で、日本の粘菌総数が増えたのは、小畔君の働きも大きかったと記しているわけだ。この小畔四郎以外にも、実業家の上松蓊《うえまつしげる》や、富裕な家庭に生まれた平沼大三郎《ひらぬまだいざぶろう》が各地で採集をおこなって、熊楠さんの粘菌研究の手助けをしてくれた。

さらに粘菌について、熊楠さんは英国のアーサー・リスターおよび、その共同研究者である娘のグリエルマ・リスターとの協力関係を持つようになった。まず一九〇五年から翌年にかけて、熊楠さんが大英博物館に送った粘菌標本がリスター父娘に転送され、「日本産変形菌」として刊行された。これをきっかけとして、日英間で頻繁な手紙でのやりとりが始まった。

その後ほどなくして、父のアーサーは一九〇八年七月に七十八歳で亡くなるが、娘のグリエルマと熊楠さんの協力関係は長く続いた。そして、アーサーが一八九四年に出版した『粘菌モノグラフ』がグリエルマによって一九一一年に第二版、一九二五年に第三版として改訂される際に、熊楠さんは多くの材料を提供することになった。

ちなみにグリエルマは、前章で扱ったビアトリクス・ポターがリンネ協会で論文を代読された七年後の一九〇四年に最初の女性会員の一人となり、その後副会長に任命されている。これは熊楠さんと同い年のマリー・キュリーが女性初のノーベル賞を受けた翌年にあたる。まさに二十世紀の女性科学者の躍進への道を切り開いた人と言ってよいだろう。

粘菌について熊楠さんが、生命の不思議を探るための重要なカギと考えていたことは、那智時代以降のさまざまな文献からも明らかだ。粘菌のライフサイクルのことを「そのまま心の変化を示す絵マンダラのようなものだ」と説明したりもしている。ただ、「履歴書」の中では、粘菌だけが自分の「唯一の専門」ではないということも言いたかったようだ。では他に何を研究していたか、ということで「菌類(キノコ)」へと話は移る。


でもボクがもっとも力を入れたのは菌類で、これはもしついでがあれば、当地に見に来てほしい。主として熊野で採集した標本が幾万あるか、数えたことはないけれど、極彩色のスケッチを添えたものは三千五百種ある。これと、スケッチをしていない分を合わせれば、一万点はたしかにある。田中長三郎君が『大阪毎日』新聞に書いてくれたように、世界有数の一大コレクションだと思う。

(『全集』七巻、二八頁)


キノコのスケッチに関しては、このときまでに作成された三千五百種から、さらに晩年にかけて増えたようで、現在五千点近くが残されている。そしてキノコに関しても、熊楠さんは協力者に恵まれていた。田辺高等女学校の教員北島脩一郎《きたじましゅういちろう》をはじめ、小学校長だった樫山嘉一《かしやまかいち》、小学教員の平田寿男《ひらたとしお》と田上茂八《たのうえもはち》といった地元の人たちが、熊楠さんの採集を手伝ってくれた。さらに晩年には北海道大学教授の今井三子《いまいさんし》とも研究上の交流を持つこととなった。

熊楠さんはまた、池沼や川に生息する「淡水藻」も、那智時代以降に自分が熱中したものとして挙げている。しかしその研究は、熊楠さんの生物研究の中でも、特にうまくいかなかったものとして紹介されている。

> また淡水に生ずる藻は、海産の藻とはちがって、全然食用などにはならない。そこで日本には専門家がとても少ない。その淡水藻をプレパラート標本として、約四千枚は作った。でも資金が足りずに、すべて図譜を作らないうちにプレパラートが全部腐ってしまった。そのまま、話のネタにと思って取ってある。実に冗談ではなく、シェイクスピアの戯曲の名の通り『恋の骨折り損』というわけだ。（同前）

粘菌とキノコに関しては、大著として発表はできなかったものの、熊楠さんはそれなりに標本やスケッチを残すことができた。それに対して淡水藻に関しては、使いものにならないプレパラート約四千枚が残っただけだった。その経緯について、少し詳しく見てみようと思う。

まず、一九〇二年三月十七日に土宜法龍に送った手紙で、熊楠さんは那智で淡水藻の研究に夢中になっていることについて報告している。

藻《も》の研究などは、なかなか専門的なものだけれど、さして急務の分野とは言えない。だからと言って、その専門の学者の仕事を無視していてよいというわけではない。ボクの藻の研究なんかは、ほんの物好きというくらいで、素人より少し上という程度のものだ。それでもこの三十年の間、たくさんの学者が……海に棲む藻が淡水に棲むようになったものを一種しか見出せず、ようやく去年の冬にもう一種見出したくらいだった。それをボクは今回、身ひとつで何の準備もなく熊野に来て、右の二種の他にさらに三種見出したんだ。

（『高山寺蔵南方熊楠書翰』二四八頁）

また熊楠さんは、この年の五月十六日には、『ネイチャー』編集部に宛てて、前年に和歌山市で見つけていた二種類の藻類の標本を木箱に入れて送っている。熊楠さんはこれらが、一八九一年から二年にかけて自身がフロリダ州ジャクソンヴィルで採集したアオミソウ属の一種、ピトフォラ・オエドゴニアの特徴と一致すると考えた。『ネイチャー』誌が専門家に鑑定を依頼したところ、熊楠さんの同定を支持する意見を得たとして、一九〇二年七月十七日付けの同誌にこの件を紹介した。

さらに、熊楠さんは一九〇三年四月二十三日付けの『ネイチャー』誌に、田辺の水田でもピトフォラ・オエドゴニアが群生しているのを発見したという追加報告を送っている。そしてこの緑藻は、これまでアメリカ大陸の熱帯にしかないと思われていたものだとする。だから熊楠さんが日本にも原生していることを、はじめて見つけたということになる。

ちなみにこの藻について、熊楠さんは「夢のお告げ」によって発見できたと書いている。また那智にいた頃に、キノコについても同様な予知夢によって、珍しい種類を見つけたとも言う。熊楠さんの研究者の間ではこのことは以前から論争になっていて、本当にそのような超自然的な力に導かれての奇跡的な発見があったのかどうか、というところが論点だ。

ただこれまでの研究では、熊楠さん自身がこの「夢のお告げ」がどのような意味を持っていると考えていたのかという点について、あまり考察がなされていなかったように思う。この点で、熊楠さんがタネ明かしとして次のように書いていることは、本人による証言として無視できないものだ。

ボクに言わせれば、高等な植物とはちがって、下等な植物(キノコや藻など)は、気候さえ大差ないなら、藻は水中、キノコは地上に生えるものだ。そして深い森にはいよいよ多くの種類が生じる。寒帯、温帯、熱帯の差による影響は多かれ少なかれあるけれど、東西の国によってあまり変わりはない。だから一つの国で見つかり、他の国では見つからない、というのは人間の方の事情で、学問的な興味がまだあまり熟していないから、精を出して探そうとしないということだ。探しさえすれば、どの国にでもあるものなんだ。だからボクは、夢のお告げに動かされて、よく気をつけて探し当てたというだけのことなのさ。

(『全集』七巻、三七〇頁)

つまり熊楠さんは藻類や粘菌類のような原始的な生きものは世界中のどこにでもいるから、探そうと思えばどこでも見つかるのだと書いている。自分が探し当てたのは何ら超自然的な能力を発揮したからではない。ただ夢によって探そうという気持ちが促されたことで起きた現象だ、と言っているわけだ。熊楠さんは一種の異能の人だから、超人的な伝説が生まれやすいけれど、実はこんなふうに、本人はいたって冷静にものごとを観察する人だった。

こうして勝浦・那智時代での隠花植物調査の結果、一九〇三年五月末までに、熊楠さんは六百四十の藻類標本を得た。うちわけは、海水産のもの二百九十八、淡水産のもの三百四十二になる。これらの標本を一括して専門家に鑑定してもらう必要を感じた熊楠さんは、英国の藻類学の専門家であるウェストに連絡を取ろうとする。そして、一九〇三年六月一日にロンドン時代の友人のディキンズへの書簡に、ウェストへの手紙を同封して回送を依頼した。これを受けて、七月二十一日付けで次のような来簡が届いている。

拝復

私は喜んで、あなたの日本産淡水藻標品についてご報告し、『ジャーナル・オヴ・ボタニー』誌に発表したいと思っています。現在私は英国産淡水藻の教科書づくりできわめて忙しいのですが、これはほぼ完成しつつあります。あなたの日本産標品については来年(一九〇四年)の二月までは検分作業はできないと思います。それから検分を始めて、数週間後にはご報告できるものと考えます。ケイソウとシャジクモについて、おそらくあなたのために名前をつけることができると思いますが、現時点では確約はいたしかねます。私は特に日本産のツヅミモの標品を検分することを楽しみにしています。

おそらく熊楠さんは、藻類学者として名の通っていたウィリアム・ウェストに手紙を出したつもりだったろう。しかし、帰ってきた返事は、ウィリアムの息子、ジョージ・ウェストからのものだった。ジョージは父ウィリアムとともに、スコットランドやアイルランドの湖沼の淡水藻を研究した学者で、弱冠二十三歳でサイレンスター王立植物学校教授に就任、その後三十歳でバーミンガム大学教授となった人物だ。熊楠さんから手紙を受け取った際にはまだ二十七歳だったわけだが、この丁寧な返信などからもまじめな人柄がうかがえる。

この後、二人の間には十月にかけてさらに文通がなされ、十二月二十一日になって、熊楠さんは二種の藻類の標本を封入した手紙を送っている。これに対して、ウェストは返信を翌年一月三十一日付けで送っているが、この中で、熊楠さんから送られた藻類の同定を試みていることを記している。

私はこれらの藻類は全体として活字で発表する価値があるものと思いますし、まずはすべてのプレパラートを検分してみたいところです。それから、私は網羅的かつ体系的な論文を作成し、順序よく配列して、『ジャーナル・オヴ・ボタニー』か何かに発表するつもりです。

さらにウェストは、自らがもっとも関心を持つツヅミモが熊楠さんの標本の中にあるらしいことについて歓迎の意向を示して、こうした特定の藻を他の藻や土などと分離せずにフォルマリンに漬けてガラスの試験管や瓶などに入れて送るように指示している。それから文通はいったん途切れるけれど、ウェストは一九一六年に出版した自著の中に、熊楠さんの『ネイチャー』掲載論文を引用しているから、熊楠さんの日本での調査に引き続き関心を持っていたことが推測される。

一方、熊楠さんの方は、一九〇四年以降の田辺への定住、結婚の後も、精力的に淡水藻の採集やプレパラート作りを続けた。一九一一年六月の時点では、柳田国男への書簡で「この次はバーミンガム大学のウェスト教授とボクとで『日本淡水藻譜』を作り出すつもりで日夜勉強しているけれど、これは十年くらいかけないと完成の見込みがない」と書いているから、熊楠さんは十年がかりでウェストとの協力の中で淡水藻研究を継続しているという意識だった。

しかし七年後の一九一八年になると、上松蓊宛の手紙で「不幸にして日本(特にこの田舎)には完全なガラスがなく、また何ごとも不便で不自由なために、六千枚のプレパラートが絶えず破損して行く」という状況を嘆くようになってくる。そして、もはや、一刻も早く顕微鏡で観察しながら写生図を作る必要があるという焦燥感を募らせることになる。

そんな熊楠さんに追い打ちをかけるように、ショッキングな知らせがもたらされる。一九一九年に四十三歳のウェストが突然肺炎で亡くなるという不幸が訪れたのだ。おそらくはこのときに猛威をふるっていたスペイン風邪をこじらせたのだろう。これは英国の藻類学史上でも大きな損失とされるが、熊楠さんにとっても「このためにボクがこの人と共著で出すはずだった『日本鼓藻目録』を中止せざるを得なくなった」という事態をもたらすことになった。

こうして、プレパラートの破損と共同研究者の死という二つの予期せぬ状況を受けて、熊楠さんの藻類研究は中断を余儀なくされてしまう。一九二五年に書かれた「履歴書」で、熊楠さんが自分の藻類研究について「恋の骨折り損」と自嘲したのは、こういうわけがあったのだ。

こんなふうに、熊楠さんの熊野での隠花植物研究は山あり谷ありで、挫折も多く経験した。イチョウの精子を発見したことで知られる平瀬作五郎《ひらせさくごろう》と、一九〇七年頃から始めたマツバランの胞子の発芽に関する共同研究もその一つだ。一九二〇年に平瀬は発芽に成功するが、さらに改良を試みていたところ、翌年にオーストラリアの学者に先を越されてしまった。自然科学においては最初の発見、つまりプライオリティが優先されるという観点から見れば、この共同研究が失敗だったと判定されてしまうのはやむをえないところだろう。

大学や研究機関の中で組織として研究を進める二十世紀の自然科学の主流とは異なり、熊楠さんは主に在野の研究者との手紙のやりとりだけによって、自分の研究を進めていた。その結果として、厖大な時間と労力を費やして成し遂げられた研究成果の多くは、公的には発表されることなく終わっている。そのため、制度的な学問の観点からは、熊楠さんを自然科学者として高く評価することは難しいとも言われている。

それでも、さまざまな失敗も含めて、熊楠さんという人が後半生を熊野で過ごし、生きものの世界と向かい合い続けたことは、今日の目から見て大きな意味がある。それは、一人の人間が世界を知るという行為の本質を、熊楠さんの仕事が伝え続けてくれているからだ。那智の森林であらゆる生物の調査を続けていた熊楠さんの心の動きについて、最も明確に教えてくれるものとして、次のようなことばが残されている。

大乗仏教の教えには希望がある。なぜなら、大日如来に由来するような、無尽無究《ママ》の大宇宙の大宇宙の、まだ大宇宙を包蔵する大宇宙を、顕微鏡を一台買っただけで、無限に楽しむことができるからだ。そのように、楽しみが尽きないからだ。（『全集』七巻、三〇〇頁）

那智の森の奥深くにわけ入って、生きものの世界を見つめる熊楠さんの毎日は、学問的な制度に縛られない自由な精神に貫かれていた。現代の学問は専門化することによって急速に進歩したけれど、それが一人ひとりの心の「楽しみ」に本当につながっているかといえば、大いに疑問がある。現代の大学や企業での多くの研究は成果主義に従うものとならざるを得ず、その中の歯車として働く研究者にとっては、けっして自由なものとは言えなくなってしまっている。そんな現状に対して、百年以上前の熊楠さんの活動は、学問の持つもう一つの広く大きな可能性を指し示し続けてくれているのではないだろうか。

14
「南方マンダラ」の構想からエコロジー思想にたどり着く

「南方マンダラ」と呼ばれている図がある（**図14−1**）。これは熊楠さんが一九〇三年七月十八日に真言僧の土宜法龍に送った手紙の中に見られるものだ。熊楠さんはロンドンにいた一八九三年十月末に、土宜法龍と初めて出会って、すぐに肝胆相照らす仲となった。土宜が四日後にパリのギメ東洋美術館に移ってからは、ドーヴァー海峡を越えて何度も長文の手紙が交わされた。

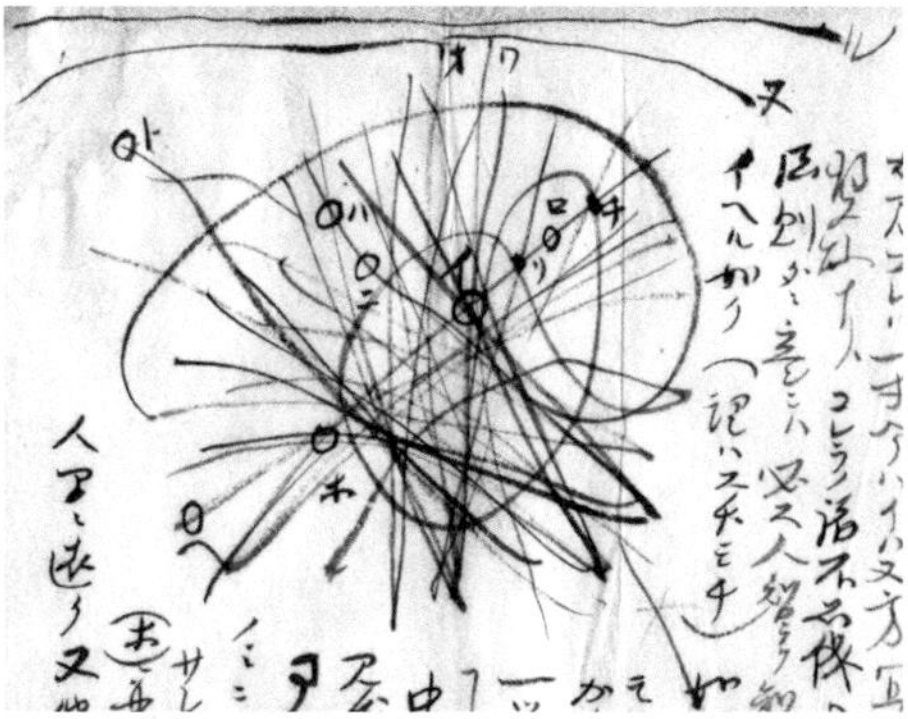

図14−1　1903年7月18日付け土宜法龍宛書簡の中の，いわゆる「南方マンダラ」の図（南方熊楠顕彰館蔵）

土宜法龍という人は熊楠さんよりも十三歳年上で、幼くして出家して高野山に預けられ、慶應義塾（後の慶應義塾大学）で学んだ。土宜は一八九三年九月にシカゴでおこなわれた万国宗教会議に真言宗の代表として派遣され、そこからロンドンに足を延ばして、熊楠さんと出会うことになった。パリを経由して日本に帰ったのは、翌一八九四年六月のことだ。ちなみに「土宜」をどう読むかという議論があって、「どぎ」「とき」「どき」「とぎ」といろいろ説が出された。結局現在では、海外では語感の良い「とき」と称したが、たぶん高野山では「どぎ」と呼ばれていたのではないかということでとりあえず決着している。

土宜の帰国後、いったんふたりのやりとりは途絶えるが、一九〇〇年十月に熊楠さんが帰ってきてから復活することになる。そして熊楠さんが那智での生活を始めると、ロンドンとパリのときをさらに超えるような長大な手紙が送られるようになった。その中で熊楠さんは仏教の考えを取り入れた近代科学の再構築の方法について何度も議論している。「南方マンダラ」が描かれたのは、そんな長文の手紙の中の一つだ。

ただし、この図のことを熊楠さん自身が「南方マンダラ」と呼んだわけではない。一般にこの図がそう呼ばれることとなったのは、熊楠さんの死後数十年経って、研究史上の重要な著作を残した故・鶴見和子氏が、これを「南方マンダラ」と命名してからのことだ。実は、この時期に熊楠さん自身が「小生のマンダラ」と呼んだ図は別のものを指している。

とはいえ、熊楠さんの那智からの手紙には、数年にわたってさまざまな意味で「マンダラ」という言葉が登場しているから、このあたりの土宜宛の手紙での議論の全体を「南方マンダラ論」と呼ぶことには妥当性があるだろう。ここでは、とりあえずの呼び方として、この図を「南方マンダラ」と呼んできた慣例を踏襲したい。

このいわゆる「南方マンダラ」と呼ばれる図に関して熊楠さんは、次のように解説を加えている。

面白いことに、この空間や宇宙は「天は理だ」(理とはすじみちのこと)と昔の人が言ったようなものだということだ。図のように(図は平面にしか描けないけれど、実は長さや幅だけではなく、厚みもある立体のものとして考えてほしい)、前後・左右・上下のどの方向からも「事理」に貫かれていて、それが宇宙を作っている。その数は限りがない。だから、どの一部分からでも、それをきちんと説明して、究明していけば、どんなことでもわかるし、どんなことでもできるようになっている。

熊楠さんは、「南方マンダラ」の一本一本の曲線は「事理」を意味していると説明している。それはつまり、一つの原因には一つの結果があるという、近代科学の「因果律」と呼ばれる原則を基礎として、自分の世界観を描こうとしたということだ。その無数の因果律は宇宙のすべてを貫いているから、それを一つひとつ解きほぐしていくことで、人間の考えの及ぶ範囲でならば、どんなことにもたどり着けるということになる。

それらの因果のみちすじ同士は、それぞれ時には偶然に近づいて、お互いに干渉し合ったりもする。そのことによって、熊楠さんの用語によれば「縁」が生まれ、それが「起」となって新たな因果を生みだす(図14-2)。だから、ここに描かれた複雑な世界は、さらに高次元の複雑な現象を引き起こし続

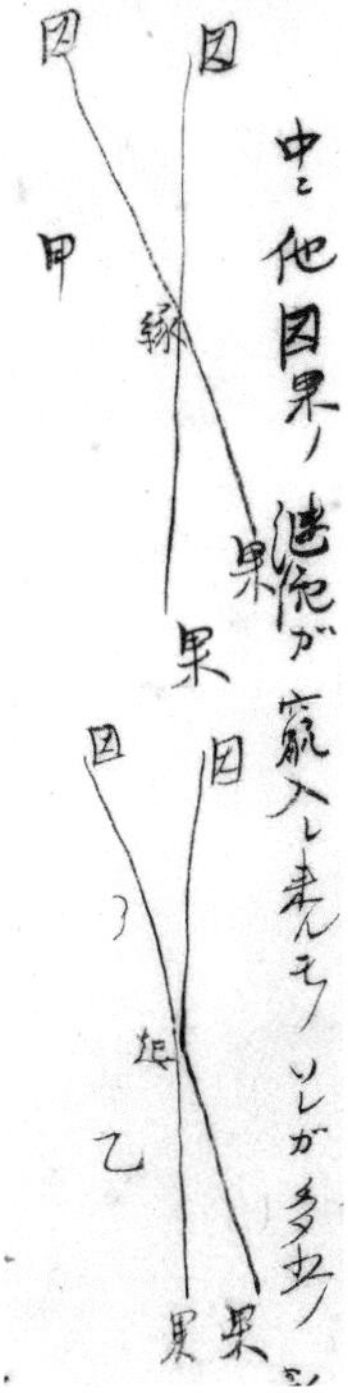

図14-2 1903年8月8日付け土宜法龍宛書簡の中の図．因果と因果の交錯が「縁」となって新たな因である「起」を引き起こす(南方熊楠顕彰館蔵)

けているということになる。そのようにして世界の中でさまざまなものごとが止むことなく、終わることなく進行していくようすを、熊楠さんは「不思議」という名でも呼んだ。学問とはその「不思議」を解き明かしていく作業ということになるだろう。

ただし、そのためにかかる手間は、どの地点から始めるかによって大きな違いがある。もう一度**図14-1**をよく見てほしい。「南方マンダラ」の中心付近には、多数の線が交錯する場所に(イ)と記されている。この(イ)のような、さまざまな地点とつながっている点のことを、熊楠さんは「萃点《すいてん》」と呼んでいる。ここから世界の考察を始めることができれば、多くの地点に素早く達することができる。つまり、学問的な観点から言えば、世界の全体が理解しやすい地点ということになる。ものごとを手早く知ろうとするならば、萃点を押さえるのが近道だ。

それに対して(ロ)〜(リ)では、それぞれ難易度に差がある。(ロ)は萃点に近いけれど、(チ)や(リ)までいったん出なければ、他の地点にたどり着くことができない。(ニ)も同じだ。一方、(ハ)は重要な点ではないけれど、二つの事理が交錯しているので目に付きやすい。そして(ホ)は萃点からは遠いけれど、意外にさまざまな地点と結びついている。しかし、その左下にある(ヘ)や左上の(ト)は、「人間を図の中心に立つとすれば」、人間からは遠く、また他の事理との関係がかなり薄いから、簡単には気がつかない。また実際の役にはあまり立たないと熊楠さんは言う。

さらに萃点から遠いところにある上端部の二本の線のうちの下のもの(ヌ)などは、「人間の今日の推理が及ぶことのできる事理の一切の境」だとして、認識できるぎりぎりの境界上にあるという。これがあるとわかるのは、(オ)と(ワ)の二点で他の部分とつながっているからだ。また最上端の線(ル)

は、今日の人間が知ることのできる世界の外にあるけれども、(ヌ)と近いから多少の影響によって、どうやらこんなものがなくてはならないということで存在していることがようやくわかる、と熊楠さんは言っている。

こんなふうに、熊楠さんは土宜宛の手紙の中で「南方マンダラ」について説明している。人間から見た世界の全体像をわかりやすくモデル化したものとして、なかなか洗練されているのではないだろうか。さらにこの図については、そうした熊楠さん自身による説明を超えて、見る人によっていろいろと解釈の余地がある。

たとえば、この図の面白さは、まるで一気に書き殴ったように無造作なところにもある。一般に芸術作品は、空間芸術と時間芸術に分けられるけれど、書道はそのうちの時間芸術の要素を多分に持つとされている。なぜなら、書かれた作品は平面に広がっているものの、見ている人が筆の跡をなぞるように追うことで、それを書いた人の生き生きとした身体の動きを実感できるからだ。そのように、筆で描かれた作品には、空間の広がりだけでなく時間の流れが表現されている。

「南方マンダラ」での熊楠さんの筆の跡も、やはりこうした時間のダイナミズムを感じさせるものだ。この図をじっくりと見ていると、熊楠さんが書いているときの手や腕の動きが心に浮かんでくるように感じられる。だから、この図は空間を表しているとともに、時間による変化も内包したものである。宇宙の時空間において起きている現象のイメージの一瞬を切り取ると、このようなものになるということなのだろう。

「萃点」という言葉の重要性も、こうした「時間」という要素を取り入れるとさらによく理解できる。「萃点」はけっして不動の「中心」ではない。なぜなら「南方マンダラ」は刻々と動いてすがたを変えて行くものであるからだ。今、この瞬間の「萃点」は、次の瞬間にはもう「萃点」ではなくなっているかもしれない。そんなふうに、人間の世界は自分自身の存在も含めて常に流動的なものだという見方も、この図には示されているように思われる。

さらに「南方マンダラ」を解釈する際に重要なのは、熊楠さんが「人間を中心とすれば」世界はこのように見えると、何度も強調していることだ。この頃の熊楠さんは、那智の森林の中で、さまざまな植物や小動物の世界に没入して、観察や採集やスケッチをする毎日を送っていた。そのような中で「人間を中心とした」世界像を描き出したということは、他の生きものには、その生きものを中心とした世界があり得るということを前提としていたと考えることができる。

実際、熊楠さんはこの後の説明で、セミの幼虫を主体とすると、世界がどのように見えるのかという例を示したりしている。また、そのうち京都の高山寺にいる土宜を訪れて、昆虫を例にしてマンダラの説明をしたいと書き送ってもいる。その考え方を推し進めていくと、昆虫には独自の「昆虫マンダラ」があり、粘菌には独自の「粘菌マンダラ」があるということになる。それらは人間の「マンダラ」とはまったく異なったすがたをしたものだし、それぞれの「萃点」もまた、人間には想像もできないような地点にあるはずだ。

以上が、今、筆者の考えが及ぶ限りでの「南方マンダラ」に関する解釈だ。一九〇三年の夏に那智の大阪屋で描かれたこの図は、熊楠さんの生涯にわたる思索が、一つの理論モデルに結実していったことを示したものと言うことができる。では、その理論は「熊野」での三十年以上に及ぶ熊楠さんの後半生の実際の活動に、どのように反映されていったのだろうか。

このことを考える上で、熊楠さんが田辺で取り組んだ「神社合祀反対運動」に関連して示した自然観は、特に重要なものだ。特にこのとき熊楠さんが使った「エコロジー」、つまり「生態学」という概念は、「南方マンダラ」から直接につながるものとして注目される。「エコロジー」は当時のヨーロッパで、植物相互の関係を探るために発展しつつあった学問分野であるけれども、熊楠さんにとっては、那智で得た世界像から独自に導き出されたものと言うこともできる。そのあたりのことを考えてみるために、熊楠さんがどのようにして神社合祀反対運動に関わっていったのかという経緯を見てみることにしよう。

まず「神社合祀令」というのは、一九〇六年に明治政府が出した政令だ。これは一町村に一社を原則として、日本中に多くある神社や祠《ほこら》を統廃合するというものだった。一社につき五千円を収めれば合祀を免れることができたが、多くの地域ではむしろ神社林の伐採によって利益を得る人々の意見が幅を利かせ、厖大な数の神社や祠が消えていった。特に和歌山県では、一九〇六年に五千八百十九あった神社が、一九一〇年には六百九となるという急激な減少が起きている(『南方熊楠百話』三五三頁)。

熊楠さんはこの政令の公布後すぐに反対運動を開始したというわけではない。しかし、田辺周辺の植物調査をおこなっていた神社の森が消えて行くことに、徐々に焦燥感を覚えるようになる。特に、アオウツボホコリという珍しい粘菌を採集した場所である糸田の猿神社が合祀され、その周辺の樹木が伐採されたことは、熊楠さんにとっては衝撃的なできごとだった。

前章で見たように、熊楠さんはこの頃、粘菌に関してリスター父娘との共同研究を始めていた。一九〇八年の父のアーサーの死に際して、その追悼のために田辺郊外の森林に粘菌採集に出かけた熊楠さんは、帰途、猿神社の樹木が忽然《こつぜん》となくなってしまっていることに気づく。そして、一九〇九年二月十九日に、娘のグリエルマに宛てて出した手紙の中で次のように嘆いている。

糸田猿神祠について、お伝えしなければならないことがあります。私は落胆のあまりすっかり言葉を失いました。以前はこの社の神聖さをこのうえもなく高めていた木立が一本残らず消え失せていたのを、旅行の帰途目にしました。樹齢何百年というあのトウグスを保存することも、まったく考慮されませんでした。景色は完全なまでに破壊されていました。こうした破壊行為はこの国では近年日常的に行われ、やがては日本人の美的感覚だけでなく、愛国心をひどく荒廃させることになるでしょう。

(橋爪、一九九七、一〇〇頁)

この手紙に着目した橋爪博幸氏は、伐採前のトウグス(タブノキ)の老樹で、熊楠さんが多くの粘菌を採集していたことを指摘している。糸田猿神社は四十一坪とけっして大きな神社ではないものの、ケヤキやムクノキ、ミミズバイ、ハイノキ、タブノキ、イスノキなどの大木に囲まれていた。それらの大木が、社の合祀とともに一気に伐られてしまったのである。熊楠さんにとって、神社とは巨木に護られて多様な生命が息づく場所であり、その破壊は人々の美的感覚や愛国心(愛郷心)を荒廃させるものだった(図14-3)。

そんな神社合祀政策に対する抗議を熊楠さんが公然と表明する場所となったのが、地元田辺の地方新聞の『牟婁《むろ》新報《しんぽう》』である。これは猿神社の隣にある高山寺の住職である毛利《もうり》清雅《せいが》が社主兼主筆として発行していたものだ。熊楠さんは一九〇九年九月に海辺の公園が売却されようとしていることに関連する論文を『牟婁新報』に発表したことをきっかけとして、毛利清雅と共闘するようになる。

図 14-3　南方熊楠が神社合祀反対のため撮影させた写真．イのあたりがかつて猿神社があった位置(南方熊楠顕彰館蔵)

それからの熊楠さんの反対運動は激烈を極めた。『牟婁新報』を中心として中央や地方の新聞・雑誌に反対を訴える記事を書き続けた。神社林の伐採を進める役人や政治家に対する罵詈雑言には容赦するところがなかった。そしてついに、一九一〇年八月には、役人に抗議するために、田辺中学校で行われていた紀伊教育会に乱入する事態となった。その結果、熊楠さんは、翌日に自宅で拘留されて一週間を未決監(拘置所)で過ごすことになる。とはいえ、この入監中に庭でキノコを見つけてスケッチを残しているのは、熊楠さんの面目躍如だ。

熊楠さんは、このときの入監中に読んだ柳田国男の『石神《いしがみ》問答《もんどう》』の中に、日本の神社が自然と共存していたことの重要性が書かれていることに感銘を受け、翌一九一一年から手紙のやりとりを通じて協力するようになる。後に日本における民俗学を確立した人物として知られる柳田は、当時、内閣書記官記録課長という職にあり、官民を問わずさまざまな知識人と交流を持っていた。熊楠さんが書いた合祀反対を訴える長文の書簡を『南方二書』と題して出版し、多くの知己に送ったりもしている。熊楠さんはまた、議員の中村啓次郎《なかむらけいじろう》と協力し、国会にも働きかけている。

こうした活動の中で熊楠さんが自然環境を護る必要性を説く理論として用いたのが、生態系を対象とする学問としての「エコロジー」だった。現在知られているところでは、熊楠さんが最初にこの言葉を使ったのは一九一一年八月七日付けの柳田宛の手紙だ。この手紙の中で、熊楠さんは田辺湾に浮かぶ神島がいかに多様な生物を育む自然環境であるかについて述べている。この島にしかないと言われるワンジュ、牧野富太郎が注目したキシュウスゲの他、世界で二番目に自分が見つけた塩生のコケがあることを述べた後、次のように書いている。

この他にも実に世界的に貴重で稀有《けう》なものが多く、最近各国で競って研究発表している植物棲態学 ecology を、熊野で観察できる非常に良い模範的な島です。　（『全集』八巻、五九頁）

さらに、この柳田宛の手紙の三か月後、十一月十九日に和歌山県知事の川村竹治《かわむらたけじ》に宛てて書いた手紙の中でも、熊楠さんは「エコロジー」に言及している。

ご承知のように、生産の目的で栽培されている人工林とは異なり、何千年、何百年も人がオノやマサカリで伐ったことのない神の林は、さまざまな草木の相互の関係が、著しく密接、錯雑しています。近頃ではエコロジーと言って、この相互の関係を研究するための特別な専門領域も生まれてきたくらいです。（『全集』七巻、五二六頁）

熊楠さんが「エコロジー」という概念をどこから知ったかについてはまだ明確になっていないけれど、ヨーロッパでの研究状況について把握していたことは、これらの手紙から明らかだ。この用語は、十九世紀の半ばにドイツの生物学者のエルンスト・ヘッケルが作ったもので、十九世紀の末には主に植物同士の関係を研究するものとして注目されつつあった。その後、植物だけでなく動物や昆虫も含めて、自然界の生物を個々のものとして見るのではなく、集団としての関係性をとらえる学問として発展していく。

ただし、よく誤解されていることだけれど、この言葉を日本で最初に用いたのは熊楠さんではない。東京帝国大学教授の三好学《みよしまなぶ》が一八九〇年代から研究しており、一九〇八年には『植物生態学』という本を書いている。しかし熊楠さんの生態学の理解がきわめて正確だったということもまたまちがいない。そして、その生態学という考え方を自然保護の必要性の根拠としたという点では、世界的に見ても先駆的なものとして大いに評価できるだろう。

植林された人工の森ではなく、千年以上にわたって人間の手が入らない自然の森の中では、さまざまな植物の間の関係が「密接、錯雑」していると熊楠さんは言う。そうした森林に手をつけることは、予想のつかない連鎖反応をその生態系に及ぼすことになる。小さな神社や祠を統廃合し、社叢林《しゃそうりん》が伐採されることによって引き起こされる生態系の破壊について、熊楠さんは次のように警告している。

しかし一般の人が考えるのとはちがって、植物の全滅ということは、ちょっと範囲が変わるくらいのことから始まって、たちまち一斉に起こります。そのときになってどれだけあわてても、簡単には元のように戻すことができません。私はそれを目の当たりに見て来ました。だから証人として申し上げているんです。

（『全集』七巻、四八四頁）

このような生態系のとらえ方は、一つの原因が生んだ結果がまた原因となって無限の連鎖反応が起きることや、ある因果の中に別の因果が混入することで際限なく結果が拡散していくことを説いた、那智時代の土宜宛の手紙での議論に、直接つながるものだと言える。その意味で、熊楠さんにとって生態学、エコロジーとは、当時最先端の西洋の自然科学の導入であるとともに、「南方マンダラ」における世界像から必然的に導き出される一つの帰結でもあった。

つまり熊楠さんは、ロンドンから帰国後に那智での生物調査を開始し、「南方マンダラ」と呼ばれるような、宇宙のあり方を説明するイメージを頭の中で育てていった。それは、刻々と変化していく人間と他の生物にとっての環境の状態を説明するための考え方だった。そして神社合祀反対運動の中で、その「南方マンダラ」の考え方の延長線上に、エコロジーという概念の重要性に気づくことになった。そうした思索に基づいて、熊楠さんは紀伊半島の自然環境を護る運動に後半生を捧げた。

もちろん、この本の各章で見てきたように、熊楠さんのやったこと、考えたことはとても多くの領域に及んでおり、そのどれもが時代の中で際立った輝きを放っている。しかし、後半生の熊野における、独自の世界観に基づく生きものとの関わりは、その中でも特に、今日の私たちに対して大事なことを教えてくれているのではないだろうか。

15 昭和天皇との出会い。そして田辺で生涯を終える

熊楠さんが那智での調査を終えて、田辺にやって来たのは一九〇四年の暮れのことだ。それから一九四一年に没するまで、三十七年間の長い年月のほとんどを、この地で過ごすことになった。熊楠さんの後半生の最大の仕事が熊野での生物と生態系の世界の探究にあったことはすでに見てきた通りだが、ではなぜ定住したのは田辺だったのだろうか。

江戸時代の田辺は、紀州藩の付家老である安藤家が治める城下町だった。紀南の中心の港として栄えており、学者や画家などの文化人も多かった。京都、大阪といった関西の大都市圏からは遠いが、熊野古道の結節点でもあり、このあたりでは交通の要衝だったと言ってよいだろう。さらに熊楠さんが来た頃になると、郵便制度も確立されていて、国内外との情報のやりとりを確実におこなうことができた。

和歌山の実家からほどよい場所にあったことも、熊楠さんがここを定住の地とした理由の一つだろう。弟の常楠が家長となった実家との折り合いは悪く居づらいけれど、他に社会的な基盤を持たない熊楠さんにとっては、何かにつけて頼りにしたい存在でもあった。そんな熊楠さんにとって、船で半日くらいの和歌山と田辺の距離は、実家からの精神的な独立と経済的な従属の両方を成り立たせるた

めに、ちょうど都合がよかったはずだ。

だが、何と言っても後半生の田辺での熊楠さんを支えたのは、田辺での人間関係だ。熊楠さんは和歌山から那智に行く途中で田辺に立ち寄った際に、地元の多屋家の人たちと仲良くなっていた。そして、田辺定住生活の初期の頃には、居候のようなかたちで置いてもらっていた。和歌山中学の同級生で医師の喜多幅武三郎《きたはばたけさぶろう》が住んでいたことも心強く、親友であるとともに健康面での面倒も見てくれるような人物だった。キノコや他の植物採集のための協力者もいれば、画家の川島草堂《かわしまそうどう》のような飲み友だちもいた。

こうして田辺に定住した熊楠さんは、喜多幅の紹介で一九〇六年に闘鶏神社宮司の娘、田村松枝と結婚。一九〇七年に長男の熊弥、一九一一年に長女の文枝が誕生する。その頃、アメリカ農務省の植物学者のウォルター・T・スウィングルから、研究員として渡米しないかという話を持ちかけられているが、結局辞退したのは、やはり家族の存在が大きかっただろう。そして一九一六年、四十九歳のときに田辺中屋敷町三六番地に転居し、ここが熊楠さんの終《つい》の棲家となった。

この邸宅は、もともと武家屋敷だったもので、母屋の他に書斎と土蔵、貸家を具えていた。敷地面積は四百坪で、かなり広い庭があり、種々の樹木と数百種の草花が生えていた。そのうちの柿の木から、一九一六年に熊楠さんは新属新種の粘菌を発見し、グリエルマ・リスターによってミナカテルラ・ロンギフィラと名づけられている。藻類を用いて空中の窒素を固定させる実験をおこなっていたこともある。つまり、自宅の庭は熊楠さんにとっては生活圏であるとともに研究の場でもあったと言えるだろう。

この邸宅と庭のシンボルが母屋と書斎の間にあるクスノキの大樹で、熊楠さんはそのことについて一九二三年の「巨樹の翁の話」の中で次のように書いている。

ボクの現在の住宅の敷地には大きなクスノキの木がある。その下は、快晴のときでも薄暗いくらいに枝葉が生い茂っている。炎天下でも暑くならず、大風が吹いても屋根が損傷しない。急な雨のときには、書斎から本宅に走って行くのを守ってくれて、その効用はばつぐんだ。日傘や雨傘や高下駄などはまったく無用で、衣類も大丈夫と言いたいところだけれど、ボクは年中裸で暮らしているので、皮膚も濡れないと言っておこう。（『全集』二巻、四七頁）

この自邸で、熊楠さんはさまざまな動物をペットとして飼育することになった。熊楠さんの長女の文枝さんの証言によれば、南方邸ではネコはチョボ六、犬はポチと名前が決まっていたらしい。柴犬を飼っていた際には、熊楠さんが庭の粘菌を観察するために歩くと、かならず後を付いて回った。ルーペを落としたりすると、すぐにそれをくわえて渡すので、熊楠さんは「この犬はかしこい犬や。学者犬や」と言って喜んでいたという。

カエルやカメも飼っていた。一九一六年五月三十一日の日記には、カジカ四匹をもらったことが記されている。また一九一八年には、和歌山の実家から朝鮮産のヒキガエルをもらったりもしている。これらは壺に入れて、ハエをエサとして飼っていたようだ。さらにカメについては、裏庭の池に大小さまざまなものがいて、ときおり観察記録を書いている。

変わったところではサソリが挙げられる。一九二一年に、大連に出張していた小畔四郎が東京に戻るときに五匹を携帯して持ち帰ったものを、神戸から郵送してもらっている。この小包を受け取った熊楠さんが、翌日に数人の立会人とともにこれを開くと、ガラスのビンに入っていて、一匹は死んでいたが四匹は無事だった。喜んだ熊楠さんは、翌週から『牟婁新報』に「蠍の生きたのが来着」という記事を連載して、その生態を書き記した。しかしその後、一九二三年に二匹の生き残りが産卵した際には、「こんなものが孵化したら大迷惑だ」とあわてですべての卵を潰したという。

文枝さんによれば、その他にも、ジュウシマツ、カナリヤ、インコ、ウグイスといった鳥をカゴに飼っていたという。さらにナマズ、サンショウウオまでいた。来訪客からも、琉球産のヤドカリや、スズムシをもらったりしている。一九二二年九月十八日の日記には「クツワムシを軒下にかけておくと、うるさくて妻子が眠れないといけないので、庭の井戸側のナンテンの枝にかけ移した」というような記述もある。

しかし、この時期の熊楠さんの生活は、それほど平穏というわけではなかった。一九一九年頃から田中長三郎の発案で田辺の自宅を植物学研究所にするという計画が持ち上がり、熊楠さんはそのために奔走した。一九二二年三月から八月にかけては、東京まで出かけて資金調達を試みるが、結局うまく行かずに行き詰まってしまう。熊楠さんとしては、自分の研究を後世にどのように残すべきなのかについて、悩みと焦燥感もあったことだろう。

そんなある日、後半生の熊楠さんにさらなる不幸が訪れる。一九二五年に高校受験のために高知に行った十五歳の長男の熊弥が精神の病を発症。自宅に引き取るものの、突然叫び声を上げたり、街中を走り回ったりで、熊楠さんの家族は看病に追われることになる。熊弥の病の原因はわからないが、現在の分類では統合失調症に関連するものとも推測されている。その後、京都の岩倉に送られた熊弥は、和歌山の藤白に転地し、戦後に亡くなるまで療養生活を送った。

その一方で、この時期の熊楠さんにとって大きな希望となったのが、摂政宮裕仁親王、つまり後の昭和天皇との交流だった。裕仁親王は病気がちの大正天皇に代わって政務を執るかたわら、生物学の研究を趣味としていた。その生物学研究は『ネイチャー』などの英語の文献にも目を通すような本格的なもので、とりわけ関心を持っていたのが、海産生物のヒドロ虫と粘菌だった。そこで、日本における粘菌研究の先駆的存在である熊楠さんに白羽の矢が立つこととなった。

そんな宮中と熊楠さんとの間をうまく取り持ったのが、小畔四郎だ。小畔は職場の日本郵船において、裕仁親王の教授役を務めていた学習院大学教授の服部広太郎博士の甥の上司という立場にあった。そこでこの話を熊楠さんに取り次ぎ、裕仁親王に粘菌を献上することとなった。熊楠さんは長男の看病に忙しい中で三十七属九十点の標本を整え、一九二五年十一月十日に進献した。当時、皇室への献上者は位階勲を持つものに限るとされており、元陸軍中尉としてその資格を持つ小畔がその役割を担った。さらに進献者の名義には、研究協力者の平沼大三郎、上松蓊も加わっているから、熊楠さんとしては、自分を中心とする一門による仕事という意識が強かっただろう。

そして即位後の一九二九年、昭和天皇の田辺への行幸に際して、熊楠さんにご進講、つまり特別授業が依頼されることとなる。現人神《あらひとがみ》とされた戦前の天皇に対して、熊楠さんのような無位無冠の学者が招聘されるのは異例のことだった。三月五日に服部広太郎が田辺の南方邸に出向いて、ご進講について打診。その後、連絡役である和歌山県当局との軋轢を抱えながらも、熊楠さんは準備に取りかかることとなった。

このとき、熊楠さんは昭和天皇を田辺湾の神島に案内することにこだわった。前章で紹介したように、熊楠さんは神島が植物の複雑な生態系を観察するための模範的な島だと考えていた。自分が後半生をかけて調査を続けてきた熊野の豊かな自然環境を、神島を通して伝えたいというのが、熊楠さんの思いだっただろう。その一方で、神島の将来的な保全について憂慮していたことも、柳田国男への一九一一年八月の手紙の中には次のように述べられている。

この地域で一番の珍しい植物を有する神島（西牟婁郡新庄村大字鳥巣《とりのす》の沿海の小島で、周囲は一キロくらいです）は、一九一〇年に乱伐されようとしていたところでした。それを私が、鳥巣と田辺湾のさまざまな漁民と一緒に、魚が寄りつく場所がなくなってしまうということを心配して、県知事に具申して木を伐るのを止めさせたのです。それなのに先月下旬から下草を取るという名目で木を伐採したので、私から郡役所にかけ合って、郡役所から役人を派遣して調べさせました。すると小学校建築のための用途に使うということで、下草を昨年の冬（十一月ごろ）、新庄村大字跡浦の人に三百円で売り渡してしまっていたのです。そのお金はすでに受け取られていて、昨年中に使われていました。小島の下草などに三百円の値打ちがあるはずがないので、怪しいと思って私が人を遣わして見に行かせたところ、ずいぶん大きな木も伐られていました。……わずか三百円くらいでこの島の下草（実は下木です）を除き去って、その結果として例によって枯損木が生じて

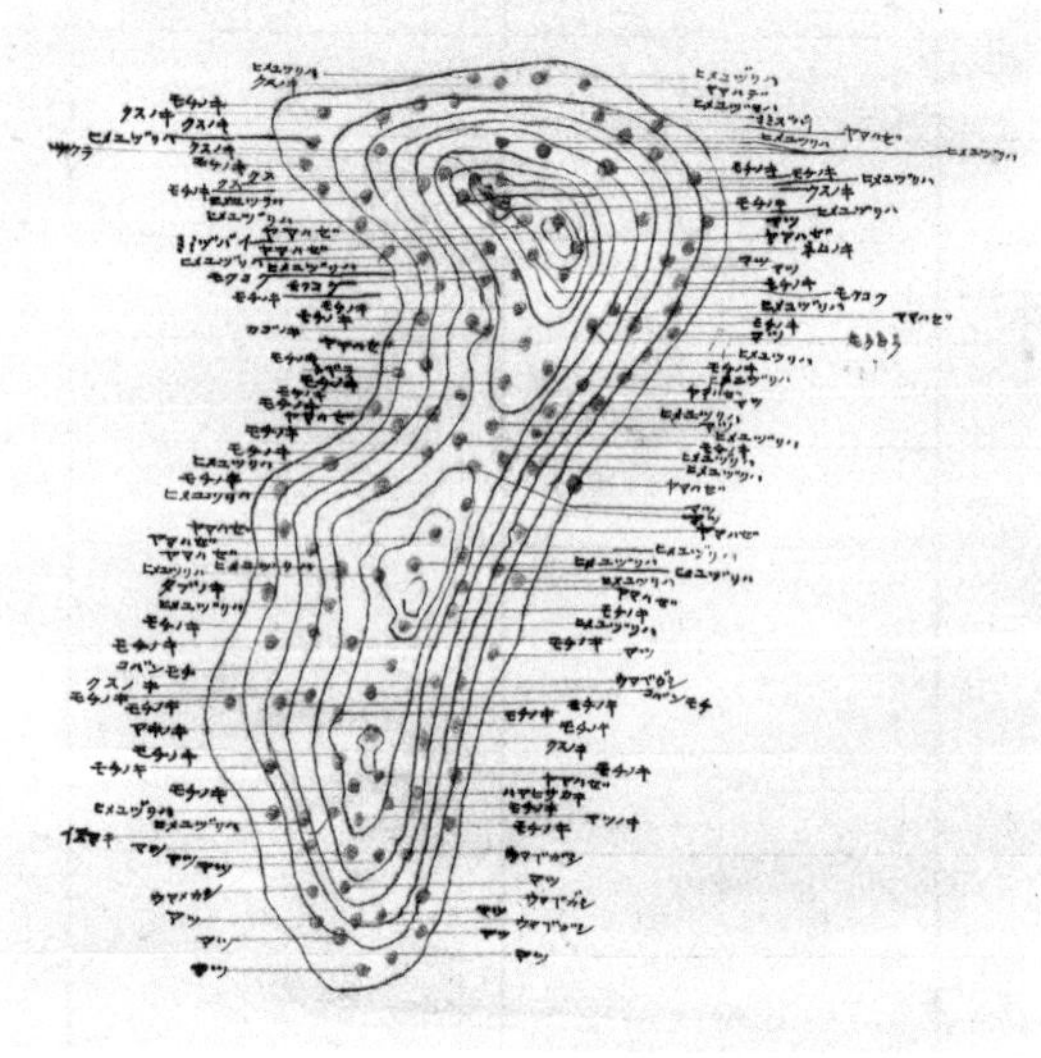

図 15-1　熊楠たちが作成した樹木の場所を示した神島植生図（南方熊楠顕彰館蔵）

しまう。上野公園のスギの老樹のように、ついにこの千年もオノで伐られたことのない樹林が絶滅し、十年、二十年後にはまったくはげ山となってしまうのは、悲しみに絶えないことです。（『全集』八巻、五八頁）

こうしたいきさつがあったため、熊楠さんとしては昭和天皇を神島に招くことで、それをお墨付きとして恒久的な保全を確定したいという気持ちを持っていたのだろう。

その甲斐あって、一九二九年六月一日、お召艦の長門で田辺に行幸した昭和天皇は、神島で熊楠さんと会うことになった。天皇は午前中に白浜の京都帝国大学瀬戸臨海研究所を訪れた後、午後一時二十分に出航して神島に上陸した。熊楠さんは神島で天皇を迎え、あいさつの後に神島についての説明をおこなった（**図15-1**）。ただし、六十二歳と高齢の域に入りつつあった熊楠さんは足が悪いために、二十八歳の青年天皇と一緒に森林の急坂を上って粘菌を採集することは諦めた。

その後、五時半に戦艦長門に戻った昭和天皇に対して、熊楠さんはご進講をおこなった。海軍大臣や内務大臣、文部大臣ら二十名あまりが同席して陪聴した。ご進講の予定時間は、当初は二十五分だったが、昭和天皇の要望により六時半頃まで、一時間弱にわたって続いたという。

このときのご進講では、粘菌だけではなく、熊楠さんが取りそろえたさまざまな生物標本が供されている。それはまるで、熊楠さんがそれまでの自分の人生における生きものとの関係を、一代記として披露した「個人展覧会」のようなものだった。本人によれば、ご進講の日程が正式に決まってからの直前の四日間はほとんど寝なかったということで、いかにこのイベントに力を入れていたかがよくわかる。

熊楠さんがまず昭和天皇にお目にかけたのは「ウガ」と呼ばれるウミヘビのアルコール漬け標本だ。このウミヘビの尾にはフジツボの仲間が寄生していて、ちょっと変わった風貌をしている。熊楠さんがこの生きものを一世一代の「個人展覧会」の最初に持って来たのには、それなりの理由と経緯があったと考えられるので、少し紹介しておきたい。

実は、ご進講の十数年も前に、熊楠さんは田辺の片町というところの老いた漁師の宮崎駒吉から、「ウガ」という魚にまつわる話を聞かされていた。この魚はヘビに似て身が長く、赤と白の横紋があって非常に美しいものだという。尾は三つに分かれて、真ん中の線には数珠《じゅず》のような玉がたくさん入っており、両脇の線には玉がなくて細い。長い身体をくねらせて泳ぐようすは、なかなかの見物らしい。漁師たちは、「ウガ」が釣れると、吉兆として尾を切って、帆柱に付けた船玉への供え物としていたという。

熊楠さんはこの話を一九一四年一月の雑誌『民俗』に「ウガという魚のこと」という短文の記事で

報告した。しかし、このときには「ウガ」の正体が何かについては、結局、突き止められなかった。『和漢三才図会』や『本草綱目啓蒙』にも具体的な記述はないということで、サメの類のようにも思えるが「一向分からぬ」とさじを投げている。

しかし、一九二六年に刊行した『続南方随筆』にこの文章を収録した際には、長文の追記がなされている。そこには、地元の漁婦がこの不思議な生きものを持って来てくれたことが書かれている。

一九二四年六月二十七日の夜に、田辺町大字江川の漁師の女で浜本トモという人が、これを持って来てくれた。ひと晩桶に潮水を入れて生かしておいてから、翌日にアルコール漬けにして保存した。……これは近海でよく見かけるウミヘビの尾に、紫色を帯びて肉は紅色をした貝殻のないエボシガイ(フジツボの仲間で茎があるもの)が八、九個寄生したものだ。エラとヒゲを回して身体を屈伸させながら回転させるのだけれど、あまりに高速なので、ちょっと見た目には、絵に描いた宝珠が放射線状の光を放ちながら回転しているように見える。このエボシガイには海藻のアマモが長く巻き付いていて、なかなか離れない。尾が三つに分かれているというのは、こんなものが時には三つ付いているのを言っているのだろう。

(『全集』二巻、三一五頁)

このアルコール漬けの標本は、現在でも白浜町の南方熊楠記念館に残されているが、セグロウミヘビの尾にコスジエボシというフジツボの仲間が寄生したものだという(**図15-2**)。熊楠さんが地元の漁師さんたちに見せて尋ねたところでは、むかしから船玉への供え物としてきたのはこれだろうという証言を得た。しかし、ウガという名を伝えてくれた宮崎駒吉は、一九二五年に両眼が衰えてほとんど盲目になりながら沖に漁に出て、翌朝船中で亡くなっているところを発見された。

一九二九年のご進講の際、この標本を昭和天皇に見せた熊楠さんは、おそらくこの地におけるウガの名前の由来についても話したのではないだろうか。たしかに漁師さんたちが船玉に供えるというこの珍しい生きものは、晴れの日の縁起物としてうってつけだ。さらに熊楠さんには、田辺の人たちと海の生きもののつながりについて知ってもらいたい、という気持ちもあったことだろう。

ただ、この標本を最初に持って来た理由はそれだけではないのではないかと、フジツボについての著書のある倉谷うらら氏は推測している。つまり、熊楠さんがわざわざこの標本を天皇に見せたのは、竜に見立てたからだというのだ。天皇や皇帝を「竜顔《りょうがん》」と称するように、中国や日本では、伝統的に竜は王者のシンボルとされてきた。この倉谷氏の見解に基づくと、熊楠さんはご進講に際して、昭和天皇に対して、その「竜顔に見《まみ》える」という気持ちを表したかったということになるだろう。

図 15-2　ウガの標本（南方熊楠記念館蔵）

次に熊楠さんが昭和天皇の前に紹介したのは、あの地衣類のギアレクタ・クバーナだった。もちろん、熊楠さんが二十四歳のときにキューバにおもむき、そこで発見したものだ。その後のいきさつについてはすでに詳述した通りだけれども、熊楠さんとしては若き日の自分の海外での経験と、新種発見の興奮を伝えたかったにちがいない。昭和天皇も、「顕微鏡一台、ピストル一丁」を携帯して単身で熱帯の自然に乗り込んだ熊楠さんの冒険譚を楽しんだことだろう。

三番目と四番目に熊楠さんが見せたのは、海洞に生息するクモと陸生のヤドカリだ。クモの方は、二十七年前に見つけたものを、ご進講前の五月三十日に、友人の川島草堂と漁夫二人を伴って捕りに行ったという。荒波の中でのこの採集は困難を極めたようで、熊楠さんはそのようすを次のように上松蓊への手紙で語っている。

海上は大荒れで、ビンなどが転がりまわって、ボクの服はラムネと海水でずぶ濡れになってしまった。また、鼻の穴と耳の穴に海水が入ってきて、頭が鳴り出した。……そこでボクは上陸して、一人は船に留まり、他の二人が岸壁を命がけで下って、わずかではあるけれど八匹を生け捕りにした。また巣も一つ捕ることができた。

(『全集』九巻、三五頁)

この体験に懲りて、陸生のヤドカリの方は自分では行かずに、人に捕りに行ってもらったという。熊楠さんがそこまでして、この二種の生きものにこだわったのは、海と陸の生きものが複雑に交錯する紀南の自然の豊かさを示したいという思いからだろう。熊楠さんはこのナキオカヤドカリという生きものについては、もともとは海水に生まれて、淡水に移り、のちに陸上にのぼり、木の上に住む珍しい生物であると説明したようだ。それは、生命の進化を考える上で、海から陸への移住のみちすじがカギを握っているという、熊楠さんの持論に基づいたものだったのだろう。

五番目はアナーバー滞在中に熊楠さんがカルキンスから譲り受けた「隠花植物標本帖」だ。東京大学予備門を中退して、アメリカ時代からは独学を続けた熊楠さんだが、個人的にお世話になった学問上の先達は、実は多い。その中でも、植物学に関してはカルキンスが最も大きな存在だった。熊楠さんの生きものへの関心が、キノコ、粘菌、藻類、地衣類などの隠花植物に向かうことになったのは、二十代前半のカルキンスとの交流がきっかけだったと言ってよい。カルキンスがアマチュア学者だったということも、熊楠さんが昭和天皇に特に伝えたかった点かもしれない。

そして六番目の「菌類図譜」と七番目の「粘菌標本」は、熊野における熊楠さんの隠花植物研究の成果として、この日の「個人展覧会」の掉尾《ちょうび》を飾るものだった。このうち菌類図譜は、前年一九二八年十月からこの年の初めにかけて、和歌山県日高郡の妹尾《いもお》官林《かんりん》で熊楠さんが調査・作成した三百二十種のキノコのスケッチだ。もう一方の「粘菌標本」は百十種で、先に進献した標本に追加して、この日の説明のために用意されたものだった。

この粘菌標本に関してよく知られているのは、熊楠さんがキャラメルの箱に入れて献上したことだ。熊楠さんにしてみれば、軽くて開けやすいから選んだものだったのだろうが、天皇への献上品として異例であることは確かだ。この話は、戦後、昭和天皇が熊楠さんのことを偲んで昔話として語って以降、人口に膾炙《かいしゃ》することになった。「南方にはおもしろいことがあったよ。普通、献上というと桐の箱かなにか、立派な箱に入れてくるのだが、南方はキャラメルのボール箱に入れてきてね……それで、いいじゃないか」(『南方熊楠百話』二六六頁)というのが昭和天皇の弁だ。

こうして、熊楠さん一世一代のご進講は、予定の時間を超過して終わった。熊楠さんは、その頃悩まされていた蓄膿によって、天皇の前で咳き込んだり鼻をすすったりという失態を犯すのではないかと心配していたが、そんなこともなくとどこおりなく説明できたようだ。

熊楠さんが意図したとおり、このご進講をおこなったことは、神島の保全という意味では決定的な効果をもたらした。翌年の行幸一周年記念として、熊楠さんが「一枝もこころして吹け沖つ風　わが天皇《すめらぎ》のめでましゝ森ぞ」という自作の歌を自筆で刻んだ石碑が神島に建立された。そして、その後の継続的な運動によって、神島は一九三五年に国の天然記念物としての保存が決定されることになる。

熊楠さんの死後、昭和天皇は一九六二年に白浜に行幸した際、熊楠さんのことを追憶して「雨にけぶる神島を見て紀伊の国の生みし南方熊楠を思ふ」という御製を詠んだ。こうしたことも含めて、一九二九年の昭和天皇へのご進講は、熊楠さんという人の国内での評価を高めるのに大きな影響を与えた。それは、一度は神社合祀反対のための乱入騒動で拘留までされた熊楠さんの運動が正しかったことを、公に認定するという効果もあったと言えるだろう。

それとともに熊楠さんにとってこのご進講は、後半生の熊野での生物調査の一区切りという意味あいも強かった。そのことは、ここまで見てきたように、熊楠さんが天皇に見せた生物の標本のラインアップにもよく表されている。それは昭和天皇個人に向けたものであるとともに、自分の仕事を協力者とともにまとめるための機会としてとらえられていたのだろう。その際、昭和天皇は、生きものの世界を愛する同好の士として、熊楠さんの目には見えていたのではないだろうか。

そしてこの日の神島における情景は、のちのちまで熊楠さんの脳裏に鮮明に記憶されていたようだ。一九四一年十二月二十九日、熊楠さんは田辺の自宅で息を引き取った。長女の文枝さんは、死期を悟った熊楠さんはご進講の日のことを思い返したのではないかとして、次のような逸話を記している。

父は毎年六月頃に花を咲かす庭の大きな楝《おうち》の木を愛していた。昭和四年六月一日の御進講の日は、ちょうど門出を祝福するが如く、紫色の楝の花が空一面に咲き誇っているのを満足そうに見上げていた。今すでに意識朦朧とした脳裡に過ぎし日のことを想い出したのか、「天井に紫の花が一面に咲き実に気分が良い。頼むから今日は決して医師を呼ばないでおくれ。医師が来ればすぐ天井の花が消えてしまうから」と懇願した。

（『父南方熊楠を語る』七五頁）

楝とはセンダンとも呼ばれる木で、五月から六月にかけて小さな紫色の花を咲かせる。実は、ご進講がおこなわれた日は、神島でも楝の花が咲き誇っていた。だから、この花をご進講と結びつけている文枝さんの回想は、おそらく真理を突いているだろう。文枝さんはまた、「謎の言葉」として、熊楠さんがその後に次のようにつぶやいたことも伝えている。

私はこれからぐっすり眠るから誰も私に手を触れないでおくれ。縁の下に白い小鳥が死んでいるから明朝手厚く葬ってほしい。

（同前）

この「白い小鳥」が何のことを指しているのかはよくわからないし、細かく解釈することにあまり意味はないだろう。しかし、楝といい、白い小鳥といい、熊楠さんにはやはり生きもののすがたが最期まで見えていたようだ。それは、生涯を通じて生命の世界と向き合い続けた南方熊楠という人物がこの世を去る前に見た景色として、まことにふさわしいものだったのではないだろうか（**図15-3**）。

図 15-3　熊楠の生前のようすが再現された南方熊楠旧邸の書斎(2023 年筆者撮影)

参考文献

本書の中には、過去に学術論文または書籍として発表した拙文の一部を、改稿または要約して用いた箇所がある。【 】内に対応する章を示して列記する。

松居竜五「南方熊楠と江戸の図鑑『訓蒙図彙』」『ユリイカ』二〇一八年十月号、一三九～一四四頁【第1章】
松居竜五『南方熊楠――複眼の学問構想』慶應義塾大学出版会、二〇一六年、Ⅰ章（二一～六四頁）【第2・3章】
同右書、Ⅱ章（六五～九四頁）・Ⅲ章（九五～一二八頁）【第4章】
同右書、Ⅸ章（三六八～四一五頁）【第14章】
松居竜五「けものへの視線――世界の動物園・博物館をめぐる旅」、志村真幸編『南方熊楠の生物曼荼羅――生きとし生けるものへの視線』所収、三弥井書店、二〇二四年【第9・10・11章】
松居竜五「出発点としての森」、松居竜五・岩崎仁編『南方熊楠の森』所収、方丈堂出版、二〇〇五年、四～一三頁【第13章】
松居竜五「藻類調査の光と影」、松居竜五・岩崎仁編『南方熊楠の森』所収、方丈堂出版、二〇〇五年、九六～一〇二頁【第13章】

その他の主な参考文献は以下の通りである。

南方熊楠『南方熊楠全集』全十二冊、平凡社、一九七一～七五年
長谷川興蔵編『南方熊楠日記』全四冊、八坂書房、一九八七～一九八九年
萩原博光解説・ワタリウム美術館編『南方熊楠　菌類図譜』新潮社、二〇〇七年
飯倉照平監修、松居竜五・田村義也・中西須美訳『南方熊楠英文論考［ネイチャー］誌篇』集英社、二〇〇五年
飯倉照平監修、松居竜五・田村義也・志村真幸・中西須美・南條竹則・前島志保訳『南方熊楠英文論考［ノーツ

アンド クエリーズ〕誌篇』集英社、二〇一四年
飯倉照平・長谷川興蔵編『南方熊楠百話』八坂書房、一九九一年
東京・南方熊楠翻字の会編「「南方熊楠辞」――『和漢三才図会』へのアナーバー時代書き入れ」『熊楠研究』第八号、二〇〇六年、一四二～一四五頁
東京・南方熊楠翻字の会編「土宜法龍宛南方熊楠書簡――南方邸所蔵未発表分」『熊楠研究』第七号、二〇〇五年、一六五～一七六頁

青木良輔『ワニと龍――恐竜になれなかった動物の話』平凡社新書、二〇〇一年
飯倉照平『南方熊楠――森羅万象を見つめた少年』岩波ジュニア新書、一九九六年
飯倉照平『南方熊楠――梟のごとく黙坐しおる』ミネルヴァ書房、二〇〇六年
飯倉照平『南方熊楠の説話学』勉誠出版、二〇一三年
石川千代松『石川千代松全集』第一巻、興文社、一九三五年
恩賜上野動物園『上野動物園百年史――資料編』第一法規出版、一九八二年
川島昭夫「南方熊楠と一八九〇年代のロンドン」『熊楠ワークス』四八号、二〇一六年、四六～五二頁
倉谷うらら「南方熊楠の天覧標本『ウガ』の謎を解く」『熊楠ワークス』四〇号、二〇一七年、二七～三八頁
国立科学博物館編『国立科学博物館百年史』第一法規出版、一九七七年
佐々木時雄『動物園の歴史――日本における動物園の成立』講談社学術文庫、一九八七年
志村真幸『南方熊楠のロンドン――国際学術雑誌と近代科学の進歩』慶應義塾大学出版会、二〇二〇年
武内善信『闘う南方熊楠――「エコロジー」の先駆者』勉誠出版、二〇一二年
谷口匡「韓愈「鰐魚文」の位置」『中国文化――研究と教育』六三巻、二〇〇五年、一五～二八頁
鶴見和子『南方熊楠　地球志向の比較学』講談社学術文庫、一九八一年(初出は一九七八年)
鶴見和子『南方熊楠・萃点の思想』藤原書店、二〇〇一年
寺島良安著、島田勇雄・竹島淳夫・樋口元巳訳注『和漢三才図会』平凡社東洋文庫、一九八六～一九九一年
橋爪博幸「南方熊楠と「糸田猿神祠」合祀事件――神社合祀反対運動関係の動機をめぐって」『人間・環境学』第六巻、一九九七年、九五～一〇五頁

松居竜五・田村義也『南方熊楠大事典』勉誠出版、二〇一二年
南方文枝『父 南方熊楠を語る――付神社合祀反対運動未公刊史料』日本エディタースクール出版部、一九八一年

Du Maurier, George, *English Society*, 1897 (1886), New York, The Project Gutenberg, 2011.
Edwards, John, *London Zoo from Old Photographs 1852-1914*, London, Edwards, 1996.
Jay, Eileen, Noble Mary & Stevenson Anne Hobbs, *A Victorian Naturalist, Beatrix Potter's Drawings from the Armitt Collection*, London, Penguin Groups, 1992.
Preston, Douglas J., *Dinosaur in the Attic, American Museum of Natural History*, New York, St. Martin's Press, 1993.
Scheier, Joan, *Images of America, The Central Park Zoo*, Charleston, SC, Arcadia Pub, 2002.
The Cottager and Artisan, London, The Religious Tract Society, 1873.

なお、本書の執筆にあたっては、左記の助成を一部利用している。
学術振興会科学研究費基盤研究B(20H01198)「デジタル化資料による南方熊楠の学問構想の解読」(二〇二〇〜二〇二三年度)
龍谷大学国際社会文化研究所共同研究「南方熊楠英文資料の総合的研究」(二〇二三〜二〇二四年度)

おわりに

数多くある日本語の一人称の中で、熊楠さんは自分のことを呼ぶときに何を使っていたのだろうか。そして、それは今の感覚で言うとどのようなものに当たるのだろうか。本書で熊楠さんの文章の引用をすべて現代語訳すると決めたときに、最初に気になったのはそのことだった。

書き言葉の場合ははっきりと残されているので、この質問には答えやすい。熊楠さんは手紙の中では、ほとんどの場合「小生」と自称している。一方、日記や随筆では「予」が多い。時々「余」が出てくるが、「予」とほぼ同じ語感だろう。相手がいる場合にはやや謙遜した「小生」、一人語りのときにはやや上から目線の「予」か「余」と考えてよい。

それに対して、話し言葉の特定は難しい。たぶん家族や友人には「ワシ」と称していたと思われるが、特定はできない。また声の質は何となく想像がつくけれど、どういう話し方をしたかについてはなかなか正確なところがわからない。若い頃から歯を悪くして、滑舌がよくない、というようなことを書いているから、あんまりハキハキと話さなかったことはたしかだ。

これまで熊楠さんのことを描いた小説などでは、生まれ故郷の和歌山弁が強調されることが多かった。激情にかられて和歌山訛りでまくしたてるというのが、フィクションの中での熊楠さんの定番だ。

もちろん熊楠さんは後半生は田辺で暮らしているのだから、生涯にわたって和歌山の言葉を話し続けた可能性は高いだろう。少なくとも関西のアクセントだったことは、書き言葉の調子からもだいたいわかる。

けれども筆者には、和歌山弁で話す熊楠さんのすがたが、なかなか実感をもって受け入れられない。筆者は京都の出身だが、自分にとってのいちばん自然な語りは、今書いているような標準的な日本語で、京都の言葉ではない。いろいろな土地での体験をしていくうちに、自分自身の語りがそうなってきたから、熊楠さんの場合にも当てはまるのではないかと、何となく感じている。

あるいは熊楠さんにとって、最初に出てくる一人称は、単に英語の「I」だったのかもしれない。本書で詳述したように、若い頃の熊楠さんはアメリカとイギリスでの生活が長かったし、帰国後も一時期は英語でのみ日記をつけたりもしていた。ともかく熊楠さんの語りに不要な力みをつけたくない、というのが筆者の願うところで、なるべく私にとってニュートラルな口調で現代語訳していきたかった。

そこで、この本での熊楠さんの主な自称を「ボク」とした。これには当然ながら賛否両論があるだろう。人によっては「こんないい子ぶった熊楠なんかイヤだ」と言われるかもしれない。そうした批判も、筆者として甘んじて受けるつもりだ。ただ筆者としては、熊楠さんと自分とを結ぶ最短距離にあるのがこの一人称だった。そして、子どもの頃から晩年まで一貫して自分の興味関心に忠実であり続けたこの人物のストレートな性格を表現する際には、やはりこの選択が最適だと思う。

筆者が「南方熊楠」に関する研究を始めてから、ゆうに三十年を超える月日が流れた。最初に田辺市の旧邸を訪れて、書庫に積め込まれた厖大な資料を見たときには圧倒される気持ちだった。それ以降、そうした一次資料を元に「南方熊楠」という人物の学術その他の活動を、実証的なレベルで再現することを、自分の研究の中心的な課題としてきた。

しかし、肉筆の文字を読み、収集したものに触れ、その痕跡を国内外で調査するうちに、この人の考えていることが血肉をもって自分の中で有機的につながってくるのを感じた。学問は「客観」を標榜するが、生きている人間の世界はすべて「主観」によって構成されている。だから、「客観」としての過去の事実に基づきながらも、自分の中の現在進行形の「主観」を用いて追体験することなしには、人間としての「南方熊楠」を再現し、理解することはできないと思う。

本書は、熊楠さんという人のもつさまざまな面について、筆者が主観的に感じてきたことを、読者と共有することを第一の目的としている。そのため、これまで筆者が書いてきた「学術的」な論文のスタイルではなく、できるかぎり口語的なわかりやすい文体をこころがけた。ただし、研究によって得られた客観としての事実を恣意的に枉《ま》げたりしていないことは、自信をもって断言できる。また、これまでの「南方熊楠像」とは異なる視点を与えてくれる最新の発見についても、極力取り入れることをこころみている。

以上のような意図に基づいた本書では、熊楠さんの生きものに対する視線を多く取り上げることとなった。そうなると、筆者の主たる専門は文学・文化の研究なので、あまり知識をもたない分野に立ち入らざるを得ないところもある。そこで、サイエンス・ライターの渡辺政隆氏と、大学の同僚で霊長類研究者の鈴木滋氏には、専門的な観点からのご助言をいただいた。また研究室嘱託の池田悦子氏にも、一般読者の観点から文体などについてご意見をいただいた。

本書の構想過程はそれなりに長かった。五年前に編集者の猿山直美さんとお会いし、それから二人で相談しながら全体像をつくり上げてきた。今までの南方熊楠のイメージをくつがえすようなものを書きたいという筆者の要望に正面から応えて、とてもていねいな仕事をしていただいたと思う。

筆者が二〇二一年度から館長をしている田辺市の南方熊楠顕彰館と、白浜町の南方熊楠記念館の資料について詳細に調査できたことは、本書の学術面での基盤となっている。その過程で、両館の関係者の方々にたいへんお世話になった。また南方熊楠研究会や、熊楠関西、その他さまざまな関連の機会における、研究仲間との意見交換の成果がたくさん取り入れられている。

そうした同じ志をもつ人たちとともに、熊楠さんという人が生きて体験した驚きに満ちた世界を、これからも追究していけたらと思う。

二〇二四年二月

松居竜五

松居竜五
1964年京都府生まれ．東京大学大学院総合文化研究科博士課程中退．論文博士(学術)．東京大学教養学部留学生担当講師，ケンブリッジ大学客員研究員などを経て，現在，龍谷大学国際学部教授，南方熊楠顕彰館館長．
著書に『南方熊楠，一切智の夢』(朝日新聞社．小泉八雲賞奨励賞受賞)，『南方熊楠 ── 複眼の学問構想』(慶應義塾大学出版会．角川財団学芸賞受賞)，共著書に『達人たちの大英博物館』(講談社選書メチエ)，共編著書に『南方熊楠大事典』(勉誠出版)など，共訳書に『南方熊楠英文論考［ネイチャー］誌篇』『南方熊楠英文論考［ノーツ アンド クエリーズ］誌篇』(集英社)がある．

熊楠さん、世界を歩く。── 冒険と学問のマンダラへ

2024年3月14日　第1刷発行
2024年7月5日　第3刷発行

著　者　松居《まつい》竜五《りゅうご》

発行者　坂本政謙

発行所　株式会社 岩波書店
〒101-8002 東京都千代田区一ツ橋 2-5-5
電話案内 03-5210-4000
https://www.iwanami.co.jp/

印刷・精興社　製本・牧製本

ISBN 978-4-00-022649-3　　Printed in Japan